LES PETITS LIVRES DE LA SAGESSE

Gérard Edde

Le chemin du Tao

La Table Ronde
7, rue Corneille, Paris 6e

Ce livre est dédié
au maître de la Cité des Chevaux,
et à mon tuteur taoïste Yi Zi Yang.

Remerciements : Richard.

ISBN 2-7103-0822-3.

CHAPITRE I

TAO : UNE ROUTE VERS L'INFINI

Le Tao se manifeste par les mots.
Les mots sont oubliés par le Tao.

L'ESPRIT fondamental de la philosophie du Tao est de trouver l'essentiel et de le développer. Pour y parvenir, les illusions et la superficialité doivent donc être démasquées. Ainsi la voie naturelle des anciens taoïstes dresse un pont entre l'être ordinaire et de vastes potentialités, souvent ignorées. C'est pourquoi ce chemin spirituel et philosophique ne présente aucune difficulté d'adaptation aux différentes époques et à la diversité des cultures. En fait, la voie du Tao représente un premier pas sur la route spirituelle qui ne rentre en contradiction avec aucune autre voie. Avant de définir le sens du mot Tao

(*Dao* en pinyin) dressons un bref inventaire de ce qu'il n'implique pas.

Le Tao ne se définit nullement comme :

- une philosophie panthéiste matérialiste ;
- une séquelle du chamanisme animiste ;
- une pensée hédoniste et conciliante ;
- une validation antérieure des théories post-freudiennes ;
- une école de pratiques eugéniques.

Ces idées reçues sur la philosophie du Tao nous mettent en garde contre une tentative hâtive d'interprétation, ce qui serait un moindre mal, ou de récupération plus malhonnête intellectuellement. Les sinologues n'ont pas facilité les choses par leur choix discutable des textes traduits.

Quelle est donc la signification du mot *Tao* ? Il a le même sens que le mot *Giulu* signifiant : *les règles,* et le mot *Daolu*, *la voie* ou *le chemin.* En fait, son sens profond exprimé par les anciens sages est celui de « chemin menant fermement à la racine des choses ». Cet enseignement sous-entend que l'être humain n'a guère le choix ; de toutes les façons nous devons suivre un chemin bon gré mal gré, alors autant qu'il mène à l'essentiel ! Par exemple, lorsque nous portons un vêtement, nous pouvons choisir un habit esthétique et tout en faire-valoir. Ou bien notre choix peut se fixer sur un vêtement agréable à porter, pratique et confortable.

Un maître contemporain du Tao, le jeune sage Kiu Daozhang, dit en substance :

> Cet océan de souffrance est le propre fait de l'homme lui-même, et il ne peut être simplement éradiqué.

Ce livre n'a pas la prétention d'aller à la racine de cette souffrance indissociable de l'existence, mais de proposer une approche à la fois simple et concrète de la philosophie du Tao. Il s'agit en fait d'entrouvrir une porte et de profiter de quelques conseils de vie de ces anciens sages. Commençant sur une base descriptive et historique forcément artificielle, nous entrerons dans la retraite des anciens sages du Tao.

Le Tao connecte l'être humain avec l'univers à travers le corps et l'esprit. C'est la signification profonde de la voie naturelle des anciens. La voie taoïste se réfère sans cesse à l'expérience directe. Pour connaître le Tao, il faut simplement expérimenter la conscience et l'énergie. Un proverbe taoïste précise que, pour savoir si une prune est aigre ou sucrée, le meilleur moyen est de la mettre dans sa bouche.

LAO ZI, LE VIEUX SAGE

Le maître taoïste contemporain Yi Zi Yang de Taïwan considérait toujours Lao Zi (Lao Tseu) comme une référence, mais non comme un point de départ de l'étude de la philosophie du Tao. Il déclarait que le célèbre classique, le *Daode Jing (Tao Te King)*, était en fait inintelligible sans un commentaire verbal d'un maître taoïste. Cela explique la diversité, voire l'opposition des nombreuses traductions disponibles de ce texte majeur de la philosophie du Tao.

Selon la légende taoïste, Lao Zi, connu sous le nom de Li Er, travaillait comme bibliothécaire de l'empereur. Ce contemporain de Confucius (551-479 avant J.-C.) quitta son poste à l'âge de quatre-vingts ans, déçu de voir les hommes suivre la voie mondaine chaotique au lieu d'emprunter le chemin de la bonté naturelle.

En passant la frontière vers le Tibet, un garde lui demanda de consigner ces enseignements avant de quitter la Chine à jamais. Lao Zi composa alors un texte de cinq mille caractères : le *Daode Jing*.

Ce livre de sagesse est une introduction au calme créatif – le Wuwei – une action sans effort afin d'atteindre l'équilibre et la force intérieure. Lao Zi décrit l'harmonie qui en résulte, en particulier la conciliation du Yin et Yang sur la base d'un potentiel spirituel élevé. L'équanimité et l'harmonie intérieure sont les conséquences du parcours de la voie naturelle prônée par Lao Zi, exprimée en une allégorie politique. Le sage décrit dans cet ouvrage se fond dans l'ordre naturel des choses, et l'évolution de la société provient du changement des individus et non de l'application des règles établies, comme le préconise Confucius. L'homme tire ainsi sa force de la nature et du développement de l'énergie vitale, mais ne partage pas la conception animiste des chamans de la Chine antique.

Le *Daode Jing* propose ainsi concrètement deux manières d'entretenir la vie spirituelle : le travail direct sur l'énergie (le Qi de la médecine chinoise), et le détachement des phénomènes mondains, qui obscurcissent la conscience et brûlent la santé dans le feu des émotions conflictuelles.

De nombreux textes du canon taoïste sont attribués à Lao Zi. En fait, ce sont des écrits apocryphes issus d'auteurs anonymes dont les perspectives s'inscrivent dans la lignée du *Daode Jing*. Certains écrits appartenant à l'école alchimique taoïste montrent une filiation entre l'enseignement de Lao Zi et « l'alchimie intérieure ». L'un de ces textes considéré par les taoïstes eux-mêmes comme issu de Lao Zi se nomme le *Huahu Jing*, il survécut aux autodafés de la période des Yuan et sa transmission, souvent étoffée de commentaires directs, se fait de plus en plus rare. Son style est plus explicite que le mystérieux *Daode Jing*, et semble provenir de la synthèse d'enseignements tardifs de Lao Zi, et de commentaires ajoutés au cours des siècles.

Un simple exemple nous le démontre :

> Avant l'apparition du langage écrit la connaissance appartenait aux anciens sages qui communiquaient directement avec l'univers.

La difficulté pour Lao Zi de décrire le Tao avec des mots, et de provoquer une transformation salutaire chez les disciples est exprimée dans le dernier chapitre du *Huahu Jing* :

> Ai-je seulement enseigné une seule chose depuis que vous m'écoutez ? Dès que j'ai entrepris mon dernier voyage vers l'ouest je n'ai plus prononcé un seul mot. L'essence subtile ne peut être exprimée par des mots.

Dans le chapitre 21 du *Daode Jing*, Lao Zi décrit le Tao dans sa nature la plus transcendante :

> Cette essence est si subtile et si réelle,
> c'est l'origine primordiale des choses,
> la totalité du créé et du non-créé.
> Elle existait avant l'origine des temps,
> son énergie est illimitée.
> Par une sincérité sans faille,
> on peut reconnaître et suivre cette voie subtile.

ZHUANG ZI : UN CYCLONE D'ÉVEIL

On sait peu de choses du successeur informel de Lao Zi, le sage Zhuang Zi, sinon qu'il naquit dans la province du Henan au IIe siècle avant notre ère. Il déclina avec dédain la proposition de devenir conseiller du duc Qu, préférant sa liberté lumineuse à la vie corrompue de la cour.

Sa compilation d'enseignements sert encore de référence aux taoïstes dans les confrontations philosophiques qu'ils livrent aux autres écoles spirituelles. Y dominent la notion de constante mutation de l'univers, et la nécessité de se libérer des contraintes sociales artificielles et aliénantes.

Cependant, l'objectif de cette conception n'est certes pas l'hédonisme placide, mais au contraire la nécessité fondamentale de transcender la nature illusoire du monde des phénomènes. Sous cet angle, on peut considérer le Tao comme une voie naturelle et évolutive, celle de la transcendance de la nature ordinaire.

Cette collection de conseils et allégories fantastiques à l'humour décapant comporte trente-trois chapitres, dont les sept premiers, connus sous le nom de « chapitres internes », montrent la grande originalité de son auteur, tant sur le plan de l'écriture que sur celui de la philosophie. Les dialogues mettent en présence divers personnages fictifs ou réels, dont le pauvre Confucius qui en prend pour son grade. Déjà, les taoïstes étaient observés d'un œil suspicieux par les lettrés de bon ton de l'école classique.

Son refus de jouer le jeu du monde trivial est dicté par sa soif de découverte intérieure :

> Parce que j'ai cette compréhension, jour après jour, j'ai appris à me tenir loin du comportement consistant à se dévoiler et à se montrer, j'évite ainsi de perdre ma vraie nature.

Ce dédain de l'apparence mondaine pourrait bien être la caractéristique du style de Zhuang Zi, et son sceau original. Avec lui, on saisit que la voie n'est pas compatible avec l'attitude conventionnelle et les vérités controuvées :

> Un sage étreint tout l'univers. Sa bonne influence profite à tous. Il n'accumule rien, n'établissant ni réputation ni renommée.

La difficulté d'exprimer le Tao par les mots ne le rebute pas, la connaissance directe intuitive est cultivée de façon informelle chez Zhuang Zi :

> On ne fait pas monter un chien en grade parce qu'il aboie plus fort. De même, un homme n'est pas souverain parce qu'il est beau parleur… celui qui comprend la complétude retourne à lui-même et trouve l'inépuisable ; il suit le développement spirituel des anciens sages pour découvrir la vérité impérissable.

UNE ROUTE INFINIE

La spiritualité taoïste se réfère à la fois à la philosophie spirituelle promulguée dans le *Daode Jing* et à l'ancienne religion de la Chine. La première formulation des bases philosophiques et spirituelles du taoïsme est attribuée aux trois sages philosophes : Lao Zi (entre le VIe et le IVe siècle avant J.-C.), à Zhuang Zi (Chuang-tseu, IIe siècle avant J.-C.) ainsi qu'à Lie Zi (Lieh-Tseu) (IIe siècle avant J.-C.).

D'un point de vue populaire, on peut considérer que le taoïsme religieux arrive en second dans les systèmes religieux chinois, derrière le confucianisme et avant le bouddhisme.

Le taoïsme monastique considère une origine beaucoup plus ancienne, conséquence d'une révélation. Cette transmission surgirait ainsi d'un âge d'or de l'humanité, le « temps des hommes véritables ».

D'un point de vue scolastique, on situe en général l'origine du taoïsme quelques siècles avant notre ère, sous la plume des trois sages :

- Lao Zi et son célèbre *Daode Jing* (Ve siècle avant J.-C.) ;
- l'insolent Zhuang Zi (370-290 avant J.-C.) ;
- et enfin Lie Zi et son *Classique du vide parfait.*

De ces trois traités philosophiques, plusieurs conceptions identiques se dégagent :

- Le Tao est non manifesté *(Wu)*.
- Toutes choses retournent au non-manifesté.
- Ce retour s'effectue au sein d'une mutation continuelle et l'homme sage accepte cette impermanence inévitable.
- Le déroulement du non-manifesté au manifesté, puis de nouveau au non-manifesté est cyclique, on le nomme « retour » *(Fan)*.
- L'action dénuée de malice, désignée par le terme « non-action » *(Wuwei)*, est en fait l'activité juste et harmonieuse.
- Toutes les oppositions ou contradictions ne sont qu'apparence et reflètent surtout les obscurcissements de notre propre esprit.
- La transformation tranquille de son propre esprit par l'élimination des émotions conflictuelles constitue la véritable culture du Tao.
- Et enfin, la conscience transformée par la recherche du Tao peut « vivre » sans limites.

Ces quelques idées maîtresses nécessitent bien sûr quelques explications, et nous laisserons parler les sages taoïstes postérieurs à ces trois maîtres pour découvrir de quelle façon ils mirent ces notions en pratique. Cette recherche n'a en fait qu'un seul but : en quoi ces conseils peuvent-ils nous aider pour nos temps troublés et apporter un espoir ?

L'ALCHIMIE INTÉRIEURE

Les siècles qui ont suivi l'enseignement des trois sages ont parfois été perçus comme une déviation du taoïsme originel ; cependant le point de vue des lettrés occidentaux n'est aucunement celui des taoïstes eux-mêmes. Dès le IIIe siècle le taoïsme est devenu une philosophie pratique et appliquée.

L'application de la voie fleurit dans la médecine et la pratique de l'alchimie. Dès la dynastie des Qin (221-207 avant J.-C.), des taoïstes pratiquaient la chimie des substances médicinales sous la forme d'élixirs, à la cour de l'empereur Shi Huang Di. Les confucianistes considéraient d'un mauvais œil ces recherches, qui pourtant firent progresser la médecine chinoise. Par ailleurs, l'idée d'immortalité était souvent prise au pied de la lettre par le peuple, et les taoïstes se constituèrent une réputation de « mages ». Nous comprendrons plus avant que même s'il y eut des abus, le cœur de l'enseignement taoïste était loin d'être perdu.

Les méthodes d'hygiène, de diététique et de respiration fleurirent dès cette époque et constituent l'essentiel du *Daotsang (Tao Tsang),* le canon taoïste composé de centaines de recueils d'auteurs différents. Le but déclaré de la voie taoïste est d'atteindre l'état de Xian ou d'« immortel ».

Ce terme a donné lieu en Chine et ailleurs à de nombreuses interprétations et polémiques. Le Xian est un sage qui a parcouru la voie et pratiqué le Xiudao, le chemin conforme au Tao. Son esprit est éveillé, son énergie abondante et il peut affronter la mort en sachant que sa conscience va rester lucide. Quant à considérer qu'il ne mourra pas, c'est un autre point entretenu par la religion populaire. Les sages taoïstes pensent en effet que la mort et le changement sont inévitables. Ici certains exégètes trouvent que l'idéal taoïste manque de force par rapport à l'idéal du bouddhisme du Grand Véhicule qui prône la libération non égoïste de tous les êtres. Mais, cependant, la pratique de la compassion et de la vertu est au centre du Xiudao.

Cet éclectisme reste une caractéristique de la voie naturelle du Tao. En fait, diverses sciences traditionnelles sont utilisées pour arriver à un objectif universel :

> Cultive les neuf champs de connaissance : les aliments, les plantes médicinales, l'habitat écologique, la lecture de textes sacrés, les exercices énergétiques, la méditation, la créativité spirituelle, l'enseignement, et surtout… la compassion.

TAO SPIRITUEL ET TAO RELIGIEUX

On peut dire sans hésiter qu'en Chine, Daojia, la philosophie spirituelle taoïste, a existé bien avant Daojiao – la pratique populaire religieuse – dont nous faisons peu de cas dans ce livre. En fait ce que l'on nomme « religion taoïste » est souvent éloigné de la philosophie de la voie naturelle taoïste, et plonge aussi ses racines dans le chamanisme ancien, sans en partager l'animisme.

Notre propre définition occidentale du mot « religion » est particulièrement ancrée dans la tradition occidentale judéo-chrétienne. La conception chinoise de ce terme n'a pas du tout les mêmes implications dans la pensée taoïste. Le mot utilisé en chinois pour désigner la religion est *Daojiao,* qui signifie « enseignements ancestraux ». On peut justement considérer que le taoïsme correspond à ces enseignements des anciens sages. La définition même du mot *Tao* (*Dao* en pinyin) suggère l'idée d'un chemin naturel parcouru par des êtres en harmonie. Si l'on observe le taoïsme sous l'angle populaire, on peut considérer que sa pratique est semblable à la plupart des religions : temples, représentation d'êtres célestes immortels, enseignements révélés, rituels d'offrande et de purification…

Dans ce livre, l'approche du taoïsme décrite est celle des philosophes spiritualistes et non celle de la religion populaire. Cette dernière a subi, lors de son histoire, diverses influences. L'une d'entre elles est « la voie des voyageurs », sorte de chamans itinérants vivant en contact étroit avec la nature. Il reste quelques poèmes de ces anciens guérisseurs.

L'autre influence certaine, la principale, est celle des sages et lettrés qui ont laissé les grands classiques du taoïsme. Ces sages se réfèrent souvent à une société idéale antérieure vivant en harmonie avec le Tao (ve siècle environ avant J.-C.). Leur dégoût de la vie politique et des guerres incessantes des Royaumes Combattants les amena souvent à des retraites solitaires dans les montagnes isolées afin de suivre la voie naturelle du

Tao. Dans leur isolement, nombre de ces sages connurent des moments d'éveil qui les mirent en état de profonde réceptivité aux forces subtiles de l'univers. Leur conception globale du monde, leurs « visions » – *Zi* – devinrent ainsi les bases d'enseignements qui se transmirent ensuite par voie orale et par écrit.

Il serait aussi erroné de considérer la voie naturelle du Tao comme une sorte de panthéisme hédoniste. Le respect de la nature dans la voie du Tao est simplement la recherche de conditions propices à l'éveil spirituel. L'énergie des arbres, rivières, astres et planètes n'est qu'une source de l'énergie spirituelle primordiale, et non un objet de propitiation. On confond souvent l'outil et le but, et le maître Yi Zi Yang m'avait un jour suggéré, en guise de comparaison, que l'art interne du Taiji quan (Tai Chi Chuan) n'était qu'une voie temporaire, qu'il n'y avait pas lieu d'apprécier comme une fin en soi.

LES ÉCOLES DE LA VOIE NATURELLE

L'histoire du taoïsme est celle d'une philosophie libre qui inspira de nombreuses écoles selon les régions, les dialectes chinois et la transmission orale.

Les différentes lignées établirent des lieux de retraite, des monastères qui différaient par leurs enseignements, leurs vêtements, leur dialecte. La philosophie évolua aussi le long des siècles et s'adapta à toutes les conditions d'une Chine divisée en Royaumes Combattants.

Dès le IIe siècle, l'école du *Maître céleste*, établie dans l'ouest de la Chine, proposait un système de guérison basé sur la prière et la purification intérieure. D'autres écoles se développèrent :

- l'école de Zhang Dao Ling, basée sur la révélation du *Livre de la paix et de l'harmonie* ;
- le Mao Zhan (du nom des célèbres montagnes), sur la base de pratiques de méditation, de guérison, de visualisation et de méthodes physiques et spirituelles ;
- le Joyau spirituel (Ling Bao) ;
- le taoïsme de l'alchimie interne de Ge Hung (200-600 après J.-C.) ;
- l'alchimie spirituelle de Chen Po Tuan (960-1370 après J.-C.), édifiée sur la base des enseignements du saint patron de l'alchimie, l'immortel Lu Dong Bin ;
- le taoïsme mystique du Zhang Ching (300-600 après

J.-C.) fondé par une femme, Wei Hua Zun, qui en reçut la révélation des gardiens tutélaires du Tao, et la transcrivit dans le *Livre de la Cour Jaune des Royaumes Célestes ;*

- l'école de la réalité intégrale de Wang Che, qui s'appuya dès le XIIe siècle sur un ordre monastique et intégra le *Soutra du cœur* du bouddhisme Mahayana ;
- à notre époque, l'école du Maître céleste est la plus importante en nombre d'adeptes. On considère qu'elle a synthétisé nombre d'enseignements issus d'autres courants spirituels.

Le Dao tzi est l'étudiant taoïste qui reçoit sa transmission d'un maître spirituel. Ici, l'enseignement est considéré comme ouvert et la pratique de la voie taoïste développe sa recherche intérieure. Ce point de vue, qui propose une belle perspective de tolérance à la voie naturelle, et à l'enseignement formel du taoïsme, va permettre l'intégration, au cours du temps, d'autres enseignements de grandes traditions ; comme par exemple le Dharma bouddhiste.

La seconde étape, celle du Daoyin, est synonyme d'immersion totale dans sa recherche intérieure.

Enfin, le fruit de la voie est obtenu par le Jen ren, l'être véritable, réalisé. Ce terme désigne celui qui exprime la vérité intérieure.

Puis vient l'étape mystérieuse du Xian men, *l'immortel de la montagne,* qui a réalisé la pérennité de la conscience infinie. Cette dernière étape a donné lieu à nombre de métaphores mettant en scène des « immortels ». Il est certain que, sur ces bases symboliques, certains disciples crédules cherchèrent vainement l'immortalité physique.

Le point central de l'entraînement formel taoïste repose sur la tradition orale, et le lien entre le maître et le disciple. Comme l'ont souligné les premiers sages taoïstes (Lao Zi et Zhuang Zi), l'essence de la voie ne peut s'exprimer par les mots. Il faut donc chercher derrière ces mots, et saisir l'intuition fulgurante de la vérité spirituelle. Zhuang Zi l'explique ainsi dans son langage allégorique :

> Un étudiant se tourne vers son maître : « Peut-on connaître le temps avant la création ? – Oui, répondit son professeur, on peut le connaître, c'était le même que notre temps. » À ces mots l'étudiant répondit : « Mais oui, je comprends ! »
> Cependant, il revint le lendemain, et dit : « Hier je vous ai posé une question et la réponse était claire, aujourd'hui je ne comprends plus ! » Le maître lui dit : « Votre clarté d'hier

venait de la compréhension directe du sens des mots, aujourd'hui vous avez perdu la compréhension directe spirituelle et l'analyse intellectuelle ne vous mène à rien. »

CONNAISSANCES ÉNERGÉTIQUES

Leur approche naturelle de la physiologie énergétique amena les sages du Tao à poser les bases de ce que l'on nomme aujourd'hui : médecine traditionnelle chimique. Bien que cette dernière se soit fermée dans les deux derniers siècles à ses bases spirituelles, elle inclut nombre de recherches des aventuriers de l'énergie que furent les taoïstes.

La connaissance des réseaux d'énergie subtile, les Jing Luo, et l'interrelation entre les émotions et les maladies ; la maîtrise des souffles internes ; l'établissement de calendriers biorythmiques complexes sont autant d'exemples de leurs découvertes. La pharmacopée chinoise actuelle comprenant un savoir thérapeutique sur plus de 3 000 plantes et minéraux est redevable à ces recherches uniques au monde.

D'autres domaines du savoir ésotérique participent de cette vaste accumulation de connaissances :

- le Feng Shui (la géobiologie taoïste) ;

- La science des biorythmes naturels ;
- la physiognomonie ;
- l'étude des potentialités sur la main (chirologie) ;
- la science des nombres (le Yi Jing servit de canevas à Leibniz) ;
- la maîtrise des mouvements et des souffles (Daoyin fa, nommée aujourd'hui Qigong) ;
- la connaissance des rythmes du sommeil ;
- le massage d'entretien et thérapeutique (Tui na) ;
- la psychologie, et surtout la psycho-physiologie.

HUA TO ET SES CINQ ANIMAUX

L'une des grandes figures de l'application de la voie du Tao aux sciences médicales et au Qigong fut le patriarche Hua To. Celui-ci naquit en l'an 110 de notre ère, dans le comté de Hao (province de l'Anhui). Il développa l'art médical à la perfection et laissa un traité de phytothérapie et d'acupuncture basé sur les cinq phases (Zhang Zhong Jing).

On trouve sa statuette dans nombre de temples taoïstes, et l'on considère qu'il reçut la majeure partie de son enseignement médical en retraite par révélation.

Quantité de ses formules font référence aux sages et immortels du passé.

Pour la première fois, Hua To introduit la notion des huit paramètres dialectiques qui deviendront, sous une forme modifiée, la base de la médecine chinoise actuelle. Ces huit paramètres sont déterminés par la science de la pulsologie et l'observation :

- le vide et le plein ;
- le froid et le chaud ;
- la vie et la mort ;
- le propice et le défavorable.

Les huit paramètres actuels de la médecine chinoise sont le vide et le plein, le chaud et le froid, le yin et le yang, l'interne et l'externe.

Le traité de médecine des cinq éléments de Hua To propose dans sa partie thérapeutique des formules médicinales typiquement taoïstes. Celles-ci comprennent des ingrédients alchimiques comme le cinabre, et leurs actions thérapeutiques se réfèrent au travail des souffles.

Un exemple de l'une des formules de Hua To, que les taoïstes ont continué d'inclure dans leur pharmacopée pendant des siècles, est « la pilule de Hua To au ginseng ». Celle-ci combat la fatigue, la nervosité et la perte de Jing (l'essence vitale). Il s'agit donc d'un exemple typique d'une formule utilisée sur une longue période, dans le but d'améliorer sa constitution et de ralentir l'outrage des ans. Cette préparation donne le rôle de plante « empereur » au ginseng, que les taoïstes considéraient comme un simple contenant l'essence des cinq éléments, et pourvue aussi d'un pouvoir catalytique spirituel propre à stimuler l'évolution sur la voie du Tao.

Il légua aussi un système complet de travail sur l'énergie par le mouvement, basé sur l'imitation des qualités spirituelles de cinq animaux : la grue, l'ours, le singe, le cerf et le tigre. Ce système de Qigong, très puissant, est encore utilisé de nos jours dans nombre d'hôpitaux de médecine chinoise pour traiter des maladies chroniques difficiles. Cette série d'exercices basée sur les cinq animaux est mentionnée dans la compilation de référence taoïste (le *Dao tsang*), comme l'une des pratiques fondamentales du système taoïste de santé.

Dans l'histoire de la Chine, la première mention d'un système de mouvements thérapeutiques date des temps préhistoriques, sous le règne de l'empereur Yu le Grand. Celui-ci ordonna à son peuple la pratique d'exercices destinés à renforcer leur vitalité et à unir « le ciel et la terre ».

Plus tard, sous la dynastie des Han, au IIe siècle après J.-C., Hua To observa la souplesse naturelle et les réactions spontanées des animaux sauvages. Il se dit en lui-même que ces bêtes connaissaient l'art de la décontraction dans le mouvement, art qui manquait justement aux fonctionnaires de la cour de l'empereur, stressés par l'étiquette et les soucis.

Alors, il examina avec attention les animaux les plus agiles et les plus habiles ; c'est ainsi qu'il développa une série de mouvements copiés sur cinq animaux : le tigre, l'ours, le cerf, le singe et l'oiseau. Ces évolutions étaient destinées à déclencher une transpiration salutaire, et à augmenter la souplesse des articulations, indispensable au bon écoulement de l'énergie vitale (le Qi) dans les canaux d'énergie (les Jing Luo).

Malheureusement, malgré le nombre d'écoles chinoises prétendant s'inspirer des mouvements de Hua To, les écrits anciens affirment que ces exercices disparurent avec la mort du célèbre médecin.

Cette citation ironique est attribuée à Hua To :

> Si les dents tombent c'est parce qu'elles ne sont pas toujours en mouvement comme la langue.

Elle montre l'intérêt des taoïstes pour le mouvement des énergies, apte à contrecarrer la stagnation, source de maladie et d'involution.

TAOÏSME ET MÉDECINE TRADITIONNELLE CHINOISE

La voie du Tao implique un développement préliminaire des énergies corporelles comme fondement de la pratique spirituelle.

L'apport taoïste semble parfaitement établi au niveau de ce que l'on nomme aujourd'hui la médecine traditionnelle chinoise. Dans la période cruciale commençant au ve siècle avant J.-C., la médecine antique de la Chine a intégré les données pragmatiques des théories du Yin-Yang et des cinq phases (Wu hsing). En fait, si l'on se pose la question de savoir comment la Chine ancienne a classifié les différentes maladies, on obtient deux réponses possibles :

- selon le mouvement Yin-Yang et ses six variations

démontrés dans le *Traité des maladies du froid* de Zhang Zhong Jing (220 avant J.-C.) ;

- et selon la théorie des cinq phases (les cinq « éléments dynamiques ») concrétisée dans le traité d'acupuncture du Nan jing.

En particulier, l'auteur de ce dernier ouvrage relia la pathologie et le diagnostic au système théorique des cinq phases, de manière à la fois habile et sophistiquée. La méthode de traitement par les cinq points correspondants à ces cinq phases est une approche subtile, aboutissement d'un vaste système holistique de correspondances énergétiques et symboliques.

Les plus grands thérapeutes de la Chine feront référence, au cours des siècles, aux quatre-vingt-un chapitres de cet ouvrage de façon unanime. L'influence de ce traité dont l'auteur reste inconnu, va atteindre la Corée, la Mongolie, le Japon et même la Perse. Sa méthode de traitement fut adoptée par de nombreuses filiations de thérapeutes ; elle influence encore fortement la médecine chinoise actuelle.

Cette idée d'une médecine taoïste holistique fut soutenue dès le XIe siècle par le poète Su Dong Po :

Les médecins vulgaires oublient les textes classiques.

Ce précieux traité du Nan Jing expose aussi pour la première fois une conception claire du circuit des huit méridiens extraordinaires, système de canaux subtils cher aux taoïstes, car touchant à la circulation de l'énergie psycho-corporelle et spirituelle. Ces huit méridiens furent évidemment mis en correspondance avec les huit trigrammes du Yi Jing par Li Shi Zhen publié dans son *Traité des Huit Canaux extraordinaires* en 1578. Ce système thérapeutique ésotérique, tenu en haute estime par les anciens thérapeutes, est toujours utilisé par certains médecins actuels en Chine et au Japon.

L'ART ET LE TAO

La simple poursuite d'un idéal esthétique se situe certainement à l'opposé de la philosophie spirituelle du Tao. Lao Zi avait mis en garde le pratiquant de la voie naturelle envers l'approche illusoire des cinq sens, et l'égarement engendré par l'attachement à ces derniers. Il est donc paradoxal de considérer la peinture taoïste, l'art de la calligraphie et la musique taoïste comme des étapes sur la voie.

En fait, tout comme les mots ne peuvent exprimer le

Tao mais simplement le suggérer, ces divers moyens d'expression peuvent aussi, s'ils sont dénués du nombrilisme coutumier aux esthètes, provoquer l'éveil salutaire. Le problème pour l'artiste taoïste consiste à s'effacer totalement devant son sujet de manière à provoquer la conscience immédiate de l'essence du Tao : le vide parfait.

Sous l'angle ethnologique, prenant l'exemple de la musique taoïste, on peut considérer que celle-ci tire son origine de nombreuses sources indigènes. Les empereurs de la dynastie des Tang tenaient la musique en haute estime, et estimaient que celle-ci élevait leur pensée et éloignait les influences négatives, même dans un lieu où personne ne l'écoutait !

Les *mélodies du Palais de Jade* se composaient de cinquante pièces différentes, difficiles à retranscrire compte tenu de la notation musicale de l'époque. Mais ces dernières pièces musicales masquent encore des exercices de souffle. Par exemple le style de la musique taoïste de la région de Shanghai s'appuie sur des mélopées qui se développent et changent de ton et de rythme, laissant au chanteur juste le temps de reprendre son souffle. D'un point de vue symbolique, le Yin et le Yang s'expriment par le gong et le « poisson de bois ». Comme dans l'opéra chinois, ces sons attirent l'attention et stimulent l'éveil.

Un autre exemple de cet art de la découverte intérieure est l'école de peinture Wumen (dynastie des Ming). Ces peintres cherchent à décrire une perception claire et pure des souffles naturels plutôt qu'une représentation fidèle de la nature. Les traits des brosses suivent les souffles, mêlant la calligraphie et la contemplation. Cette intense intériorisation n'exclut pas la spontanéité de l'expression propre aux taoïstes. En fait la peinture est comme une profonde méditation sur la nature intérieure, dans son aspect le plus paisible et le plus sublime.

LES HUIT IMMORTELS

À l'intérieur du monastère du Nuage Blanc de Beijing, une partie du temple se distingue par son obédience aux huit sages immortels (Ba Xian) de la voie du Tao. Cette assemblée surprenante apparaît aussi dans l'opéra chinois et dans l'art sacré populaire. Chacun d'entre eux est considéré comme un sage ayant accompli les plus hautes réalisations spirituelles et mérité, par ses actes vertueux, l'immortalité de la conscience. La tradition montre ces êtres de lumière apparaissant spontanément aux ermites les plus fervents dans des lieux de retraite isolés, et leur prodiguant leurs enseignements par « voie directe ». Ces sages immortels apparurent, selon les textes, de manière extensive lors de la période de la dynastie des Yuan (1260-1368).

Ils laissèrent une profonde empreinte dans le taoïsme populaire, une forme de Gung fu (Kung Fu) leur est même dédiée : *la boxe des huit immortels éméchés.* Chacun d'entre eux gouverne une certaine activité, de manière semblable aux saints patrons du catholicisme. La tradition taoïste distingue cependant ceux qui atteignirent la simple immortalité de la conscience (en fait le passage conscient de la vie à la mort comme une continuité), et ceux qui embrassèrent, comme les huit immortels, la pérennité de la conscience supportée par un « corps » d'énergie subtile. Ces derniers sont ainsi capables de se manifester pour donner leurs enseignements aux êtres purs.

Ces êtres sont ainsi, selon la tradition taoïste, accessibles aux retraitants sincères de la voie naturelle, pour les guider vers de plus subtiles purifications de son Qi. De fait, les révélations de l'ancêtre Lu furent à l'origine de nombre de textes taoïstes tardifs importants, particulièrement au Xe et au XIIe siècle. L'un de ces textes, les *Tables aux cent caractères*, fut révélé à l'ermite Chang San Feng, fondateur de l'art interne du Taiji quan (Tai Chi Chuan).

L'un d'entre eux tient une grande place dans le cœur des philosophes du Tao : Lu Dong Bin (Lu Tong Ping). Son maître, Han Zhong Li (un autre immortel), fut initié à la méditation dans un ermitage proche de la frontière tibétaine où il vint se réfugier après une défaite militaire. La découverte du maître « par hasard » et l'enseignement direct sont caractéristiques de la voie spirituelle taoïste. La pratique assidue de Han Zhong Li le mena à l'état de sage réalisé vivant. Il prit pour disciple Lu Dong Bin et lui apprit les arts martiaux ésotériques, la poésie, l'art de contrer les énergies négatives ainsi que l'alchimie opérative. Cependant Lu restait un disciple extravagant, lançant de mauvaises blagues et séduisant toute créature céleste ou terrestre portant jupon. Pire, il ne se présenta pas à un enseignement de son maître, qui par gentillesse lui laissa cependant ses instructions gravées dans la pierre des montagnes.

Enfin, Lu Dong Bin se montra devant son maître qui le sermonna vertement, lui faisant remarquer que sa connaissance des arts ésotériques ne lui avait pas fait approcher le Tao véritable. Pour la première fois, Lu Dong Bin reconnut son échec et demanda à Han la véritable connaissance. La réponse à sa question figure dans les écrits classiques taoïstes et reste difficile d'accès, car il s'agit du cœur même de l'enseignement taoïste sur la vacuité.

LA PLAQUETTE AUX CENT CARACTÈRES

Ce précieux texte essentiel fut révélé par l'ermite Zhang San Feng de *l'école de la complète réalité*. Ce court exposé constitue une des bases fondamentales d'étude dans certaines écoles du Taiji quan ancien. L'enseignement constitue l'essence de la pensée de l'immortel Lu Dong Bin. La poésie n'est pas absente de cette introduction au cœur de la voie naturelle du Tao.

En voici une traduction originale et complète :

> Nourrir et préserver l'énergie, oublier les mots.
> Conquérir l'esprit en restant dans le non-faire.

Dans l'activité et la méditation, poursuivre l'origine.
Il n'existe rien de concret, que peut-on rechercher ?
La constance est la conduite sociale adéquate ;
dans le comportement social, il faut éviter la confusion.
Lorsque l'on évite la confusion, notre nature est stable, naturellement.
Lorsque l'énergie se renouvelle, l'élixir alchimique se cristallise,
dans le creuset mêlant l'eau et le feu.
Yin et Yang surgissent, en continuelle alternance,
produisant partout le son du tonnerre.
Les nuages blancs se condensent au sommet des cimes,
la brume suave baigne la montagne.
Vous qui avez bu l'élixir d'immortalité spirituelle et voyagez libres, qui peut vous reconnaître ?
Assis, vous percevez les notes d'une harpe sans cordes,
et vous comprenez la clarté de la création.
La totalité de ces vingt strophes
est une échelle qui monte vers le Ciel.

LE TAO DE LA LONGUE VIE

Le caractère chinois *Xian* se compose de deux symboles différents. Celui de gauche montre un homme, et celui de droite une montagne. L'association de ces deux symboles représente « l'homme de la montagne », l'ermite retiré des bruits de la cité. Pour les disciples de la vieille mystique chinoise taoïste, la montagne, symbole d'élévation de conscience et de retraite, était le lieu de résidence où les sages goûtaient le *hsien* ou immortalité.

Déjà le philosophe Zhuang Zi, utilisait le caractère représentant l'immortalité dès le premier chapitre de son ouvrage :

> Très loin, au-delà des montagnes de Gu Seu vit un immortel à la peau lumineuse et transparente comme de la glace ; il est imprégné de la grâce naturelle d'un adolescent. Il s'abstient de manger les cinq céréales, mais il respire les souffles naturels et boit la rosée…

La plupart des anciens textes taoïstes font allusion à différentes sorte d'« immortalités » : immortalité physique, immortalité spirituelle, grande longévité, acquisition de fonctions paranormales, voyage dans les astres, etc. Ces références anciennes suggèrent que le mot « immortalité » ne peut être compris au pied de la lettre et qu'il n'est qu'un symbole, celui de la recherche d'un équilibre physique et psychique. La médecine traditionnelle chinoise apparaît ainsi comme une facette sophistiquée et efficace d'un système psycho-physiologique encore plus ancien.

La recherche de la longévité en Chine ancienne trouve son origine dans l'aversion des taoïstes pour la maladie, représentant un déséquilibre profond entre les deux polarités universelles Yin et Yang, et de ce fait était inacceptable pour un être tendant vers la perfection. La maladie et la mort sont considérées comme un état Yin. Elles sont la manifestation des caractéristiques Yin telles que la passivité, la diminution du potentiel énergétique, l'humidité, le froid, l'obscurité.

À l'inverse, la vitalité, état Yang, exprime des qualités positives : activité, expansion, chaleur et luminosité. D'une façon plus précise, le corps dans sa matérialité (cellules, chair, os, etc.) représentait le côté Yin de l'être humain, tandis que son énergie et ses capacités mentales en étaient la face Yang.

L'art de la Longue Vie consistait donc à maintenir ces deux forces fondamentales en contact étroit, le plus longtemps possible, afin de permettre à l'adepte de connaître la plénitude spirituelle dans cette vie. C'est pourquoi aucune autre civilisation n'a réuni autant d'informations sur le maintien de la longévité. D'après le Dr Joseph Needham, sinologue et scientifique renommé dans le monde anglo-saxon, cette recherche forcenée pour prolonger la vie est due à la croyance populaire qu'à la mort les différentes consciences (les « âmes »), l'énergie vitale (le Qi) et tous les constituants du corps humain se dispersent dans la nature.

Ainsi, dès l'Antiquité, les taoïstes développèrent un ensemble de méthodes et de pratiques permettant de « nourrir la vie » (Yangsheng) et d'éviter la maladie.

Il existe deux voies essentielles grâce auxquelles l'homme peut vivre la durée normale de vie de plus de cent ans, que l'on appelle la *Longue Vie* :

1. Vivre en harmonie avec la nature signifie suivre « l'exemple naturel de la nature ». Cette image fait référence aux changements survenant de façon cyclique dans la nature : la succession des saisons, les cycles de la lune. Ces changements doivent correspondre à des changements réguliers dans notre hygiène de vie. Il existe ainsi des aliments qu'il est bon de consommer au printemps, il y en a d'autres qui doivent être consommés pendant l'hiver. Les Chinois pensent aussi que la sexualité harmonieuse favorise la longévité et que la fréquence des rapports sexuels devrait suivre le rythme des quatre saisons de la vie.

2. Vivre selon le principe de modération. Il faut pour cela se conduire de manière mesurée, dans notre alimentation et dans nos activités physiques. Dès l'établissement de l'école taoïste aux derniers temps de la dynastie des Han (100 à 200 avant J.-C.) s'élabora un culte organisé de l'immortalité et de la longévité pratiqué par l'école des « cinq mesures de riz ». Les adeptes de cette secte accomplissaient des rites de purification et des rites sexuels. La légende rapporte que le fondateur de cette école, Chang Dao Ling, avala des pastilles aux cinq poisons (serpent, scorpion, lézard), et qu'à l'âge de soixante ans, il retrouva le visage d'un adolescent. Selon la théorie chinoise, le poison alchimique tue le poison naturel, ce qui n'est pas sans nous rappeler la théorie de l'homéopathie. Bien sûr, dans ces élixirs tout est question de dosage et l'histoire taoïste abonde en anecdotes d'empoisonnements survenus en utilisant certains élixirs de Longue Vie !

Parmi les symboles de longévité les plus en vogue à l'époque ancienne, la tortue occupe une place de choix. Ce « dragon des mers », vétéran des animaux, a donné son nom à certains exercices taoïstes. Ces dernières années, il existait à Hong-Kong un temple où l'on pouvait admirer une tortue vieille de cinq cents ans, et lancer quelques pièces en formulant un souhait.

Un autre symbole courant de longévité est celui du pin, toujours vert. On raconte que, près de Nanjin, il existe encore un pin vieux de plus de trois mille ans. Des usines de fabrication de médicaments traditionnels à base de plantes utilisent encore actuellement ce symbole de l'arbre à pin dans leurs produits.

Dragons, grues, cerfs et carpes noires sont les autres symboles de longévité dans la Chine ancienne, ainsi que cet homme surnommé « le vieil homme à la Longue Vie ». Cette statuette se trouve dans de nombreux foyers chinois. Le front large et bombé cache une réserve d'énergie (le Qi) et le personnage porte à sa main la pêche d'immortalité.

Au cours de l'histoire de la médecine taoïste de longévité, quantité d'ingrédients curieux : minéraux, fossiles, métaux, plantes, substances animales et excréments – furent expérimentés par les « pionniers de l'immortalité ». C'est pourquoi la médecine chinoise a recueilli une somme insurpassable d'éléments de classification des effets médicinaux de toutes ces substances, accumulant ainsi une expérience unique au monde dans le domaine de l'utilisation des substances naturelles.

Un texte de la dynastie des Song qui date de 1150 environ résume la biographie de Lu Yen, un de ces « sages immortels » qui ont découvert le secret de la longévité :

> Moi, Lu Yen, j'ai essayé, sans succès, de passer l'examen de médecin. Puis je suis parti vers la montagne sacrée de Moua Hsan où j'ai rencontré Zhong Ji Kuan, qui m'a révélé les « formules de la Grande Médecine de l'Élixir d'Or ». J'ai atteint le Tao à l'âge de cinquante ans.

Lu raconte qu'il a sauvé de la mort plusieurs personnes. La légende rapporte qu'il ouvrit la terre pour faire jaillir une source de longévité, qui fut considérée comme sacrée par les fonctionnaires impériaux. L'histoire officielle de la dynastie des Song précise qu'à l'âge de cent ans, Lu Yen gardait toujours le visage d'un jeune garçon ! L'un des grands livres de la philosophie taoïste, considéré comme l'un de ses canons, le *Dao Shu* (ce livre est une compilation d'ouvrages écrits sous les Song), inclut un texte pratique appelé *Livre sur la Prolongation de la Vie* dans lequel les méthodes anciennes de guérison et de pronostic des maladies sont exposées.

Les autres textes de cet ouvrage préconisent à la fois des exercices de longévité et des exercices spirituels ou mystiques. Les textes taoïstes précisent que la longévité humaine ne peut être atteinte par la seule purification du corps ; une évolution de la conscience est aussi nécessaire : le Ming – la destinée vitale humaine – doit être purifié par la transformation de l'essence séminale (le Jing) en énergie. Alors s'effectue l'union mystique et alchimique des taoïstes qui conduit à la Longue Vie du sage.

Observer le souffle
La méthode de Zhuang Zi

Cette méthode de méditation basique est à la fois la porte d'entrée et la pratique principale du « calme intérieur ». Outre son action régulatrice et sédative sur le système nerveux, elle harmonise les énergies du corps et de l'esprit, améliorant ainsi la santé, la capacité de résistance aux maladies et la longévité.

Cette technique respiratoire essentielle fut développée par l'un des acteurs majeurs du taoïsme philosophique : Zhuang Zi (IIe siècle avant notre ère). Elle est restée longtemps secrète, pratiquée seulement par les moines taoïstes ou les laïcs lettrés. Elle fut vulgarisée en Chine vers 1950 par Chen Yingning, président de l'Association chinoise taoïste et expert en Qigong. Les descriptions suivantes de la méthode de Zhuang Zi sont basées sur les études de Chen.

Cette méditation se fonde sur le « calme intérieur » : un état de détente, de clarté et de disponibilité accessible à tout être humain, mais voilé par les émotions conflictuelles. Ces pensées confuses, qui sont le lot des êtres ordinaires, provoquent elles-mêmes des troubles psychosomatiques responsables de nombreuses maladies. Remonter à la source limpide de la conscience épanouie originelle est donc le but de ce travail vivifiant, dont on peut difficilement dire qu'il s'adresse aux seuls débutants. Ceux-ci se contenteront déjà d'un état de calme inégalé, de l'apaisement des émotions conflictuelles et d'une meilleure circulation des énergies vitales. Les autres approcheront des états de conscience que les taoïstes qualifient de « sublimes ».

Voici le détail de la pratique de cette méditation :

Choisir un endroit tranquille pour pratiquer, bien aéré mais sans courants d'air. Pour les taoïstes, les pièces peintes en bleu pastel ou en vert clair sont propices à la méditation et à la relaxation. Les débutants éviteront de pratiquer pendant les orages.

On devrait attendre au moins une heure si l'on pratique après un repas principal. Une session d'une demi-heure constitue une bonne moyenne, cependant les débutants pourront la diviser en deux sessions de quinze minutes environ. La meilleure période pour pratiquer est l'aube, au moment du lever du soleil. Les taoïstes ont cependant noté d'autres périodes favorables au calme des énergies : avant midi, en fin d'après-midi et le soir, avant le coucher.

L'exercice peut être effectué en position assise ou allongée. Placez vos mains l'une sur l'autre dans votre giron. Gardez le dos assez droit, de préférence sans vous appuyer contre un dossier.

Fermez vos yeux presque complètement, sans forcer les paupières à se toucher. De cette manière, un peu de lumière passera encore sous les paupières. Ne regardez pas cette lumière, mais gardez votre regard droit, vers le « mur » de vos paupières.

Point de concentration : votre attention n'est placée que sur un seul point : votre respiration. Celle-ci devrait rester totalement naturelle : vous l'observez sans la modifier. Aucune importance si elle est lente ou rapide, profonde ou superficielle, douce ou rude. La difficulté sera de maintenir la conscience de cette respiration naturelle et de la ramener à celle-ci, si les pensées divaguent. Restez calmes et concentrés et ne permettez pas à vos pensées sauvages de vous éloigner de votre point de mire : la respiration naturelle. Petit à petit, au cours de vos séances, votre concentration s'amélio-

rera, de concert avec une impression de détente inconnue jusqu'alors : éveil et relaxation simultanés !

À ce moment, il vous semblera que vous entendez votre respiration, non comme un souffle rauque de la gorge perceptible à tous, mais comme une sorte de sensation subtile. Vous entendez alors votre respiration intérieure.

Avec le temps, de nouveau cette perception du son disparaîtra pour laisser place à un état de vacuité complète, dans laquelle émergera une conscience pure et lumineuse, débarrassée de pensées confuses. Cet état de conscience exceptionnel, nommé « tout oublier » par les anciens taoïstes, n'est certes pas à la portée du débutant. L'atteindre demande un travail profond de concentration et de détente qui ne peut se développer qu'avec l'expérience assidue. « Retourner à l'origine » est une autre expression pour désigner ce ressourcement de l'esprit et de l'énergie vitale.

Effets ressentis : la sensation d'un courant chaud apparaissant au niveau de l'abdomen est un signe de progrès ; qui ne doit cependant pas devenir un point de fixation mentale durant l'exercice. L'apparition de petits mouvements involontaires correspond à certaines évacuations d'énergies morbides. Ce processus ne devrait cependant pas être développé comme une thérapie, à l'instar de certains Qigong modernes qui altèrent le système nerveux et abusent de la crédulité des pratiquants. Lors de l'apparition de tout mouvement « involontaire » rapide ou violent, on doit immédiatement cesser la séance et reprendre plus tard. L'apparition de tels mouvements serait en fait assez rare, si elle n'était encouragée par certains professeurs fortement influencés par les psychothérapies modernes. Selon les anciens taoïstes, ce genre d'expression échevelée ne peut mener qu'à l'anarchie au sein des énergies physiques et mentales.

CHAPITRE 2

LES MONTS SACRÉS DU TAO

HUASHAN : LES MONTS DU DRAGON

Les monts Hua se dressent comme des remparts de granit d'une beauté majestueuse. À l'entrée du chemin d'accès dangereux des cinq pics principaux, une inscription sur la pierre mettait en garde le pèlerin : « Il est encore temps de changer d'avis. » Le sommet est une sorte de lame rocheuse vers les cieux, dont les chemins d'accès suivent dangereusement le dos du Dragon.

L'ensemble des monastères éparpillés dans les flancs et au sommet des monts Hua ont pour point commun la pratique de la renonciation au monde commun. Cependant le but principal était la retraite et la pratique des formes de méditation les plus élevées de la voie taoïste. À la tête des monastères, le Da Shi conseillait tous les moines et retraitants de ces lieux majestueux.

Un adage des anciens conseillait :

> Si tu trouves un endroit protégé du vent, faisant face au soleil, tiède en hiver, frais en été, avec des arbres luxuriants et l'eau pure des torrents, ne quitte jamais ce lieu !

La pratique de longues retraites dans le silence de ces lieux de solitude grandiose cherchait à développer l'état de réceptivité à l'enseignement direct du grand Tao. Selon les différentes écoles formelles taoïstes l'enseignement pouvait avoir diverses facettes : pratiques ésotériques, médecine, arts martiaux… au mont Hua, le but était l'essence de la méditation et la réalisation spirituelle.

Ces lieux de retraite n'étaient pas seulement considérés comme bénéfiques à la contemplation par leur force tellurique, mais encore, parce qu'ils avaient porté depuis des générations des lignées vivantes de sages accomplis. Cette force spirituelle imprégnait à tel point les grottes et retraites que parfois le pratiquant était littéralement baigné dans l'enseignement et la réalisation des anciens maîtres. Telle était la voie de Huashan : abrupte et lumineuse comme les montagnes qui la gardent.

Une strophe taoïste résume la pratique de Huashan :

> Entre dans la caverne au sein des murs enchevêtrés,
> Cherche la flamme vivante qui transforme le sang.

Le symbole taoïste de la caverne se réfère bien sûr à la retraite formelle mais aussi au centre Niwan situé en plein centre de la tête. La flamme vivante est celle du Shen, la conscience spirituelle qui peut provoquer la transformation des capacités ordinaires de notre cerveau.

La plupart des taoïstes de Huashan, respectueux de la vie, suivaient l'alimentation végétarienne. Les moines de ces montagnes étaient réputés pour leur longévité, certainement due à leur alimentation frugale et à la pratique d'exercices intensifs.

La légende dit que le premier dessin du Wuji ou *grande vacuité* fut révélé à un ermite du nom de « sage de la rivière » qui le grava sur une paroi rocheuse des grandes montagnes sacrées de Huashan.

L'ÉCOLE DE LA PROFONDE VÉRITÉ

Au pied des monts Lao Shan, en bordure de l'océan Pacifique, le monastère de Tai Qing Gong abritait une des écoles les plus discrètes du taoïsme. Il est cerné d'arbres millénaires qui lui donnent une ambiance propice à la contemplation. À la fin de la dynastie des Song, pendant une époque troublée, le besoin d'un enseignement pur et direct se fit sentir. Ainsi naquit l'école Quan Zhen de la Vérité profonde. À cette période, les envahisseurs mongols dévastaient ces pays, massacrant tout sur leur passage. Le sage taoïste Qiu Xuji alla directement converser avec leur chef et lui tint ces propos :

> Vous voulez conquérir le pays, pourquoi massacrer les êtres sur votre passage ? Il vous suffit de purifier leur cœur, de diminuer leurs désirs et de les aimer. Comment pouvez-vous vouloir conquérir un pays qui tire son existence de ses habitants ?

Ces paroles de paix arrêtèrent l'agression des Mongols et leur fit revenir sur une position plus sensée.

L'école Quan Zhen enseigne à la fois les principes confucianistes et taoïstes, en particulier la compassion et la tolérance, expliquant que l'idéogramme du mot « tolérance » représente un sabre suspendu au-dessus d'un cœur nu.

Appliquant l'adage « daofa ziran » – le Tao suit la nature, les moines cultivent leur Yuanqi ou énergie ancestrale, préservant leurs forces vitales pour nourrir leurs pratiques spirituelles.

Les monts Wudang sont situés dans le comté de Danjiangkou (à l'origine : le comté Junxian), au nord-ouest de la province de Hubei. Ils font partie du mont Qi et du mont Ba, allant de sud-ouest en est, et ont une circonférence de huit cents lis. Ils comprennent : soixante-douze pics, trente-six rochers escarpés, vingt-quatre ravins, onze grottes, neuf torrents.

Les monts Wudang sont un célèbre lieu sacré du taoïsme en Chine. D'après la légende, le grand empereur, Zhenwu, premier ancêtre du taoïsme, naquit à cet endroit, et on dit que de tous les monarques de cette époque « seul l'empereur Zhenwu réalisa complètement le Tao ». C'est de cette période que vient le nom de monts Wudang.

Les merveilleux pics des monts Wudang, leurs eaux pures, leurs étranges grottes et leurs falaises abruptes se dressent majestueusement, comme une peinture impressionniste. Avec une hauteur de quatre mille mètres, Tianzhu est le principal sommet des monts Wudang, pointant vers le ciel, entouré de soixante-douze autres sommets inclinés vers lui, comme une myriade d'étoiles autour de la Lune.

Il reste actuellement quelques superbes édifices des anciens monastères des monts Wudang : deux temples taoïstes, huit palais, douze pavillons, trente-six monastères et soixante-douze petits temples accrochés sur les falaises, et il est dit : « Un temple sur cinq lis, un palais sur dix lis. » Ces constructions ont été conçues selon les règles taoïstes du Feng Shui, en harmonie avec le terrain composé de corniches, pics, ravins et vallées, ce qui les rend à la fois imposants et mystérieux. La complexité, l'ingéniosité et la grandeur de ces projets peuvent être considérées comme un chef-d'œuvre de l'architecture ancienne dans l'histoire de la Chine.

Ces montagnes austères abritaient l'école taoïste de l'Étoile polaire qui combinait la pratique de la méditation (alchimie interne – *neidan*) et la pratique du Gung fu taoïste. De nombreuses écoles d'arts martiaux chinois sont issues de ces soixante-douze pics, y compris des styles purement originaux comme par exemple la boxe du serpent et le Taiji quan.

L'art martial interne de Wudang est une branche particulière au Gung fu chinois. Celui-ci comprend deux écoles : l'une est le Gung fu dit « externe », il s'agit du

Gung fu de Shaolin qui met en avant la pratique des formes de routine et le durcissement des tendons et muscles. Elle prit son essor originaire à partir du mont Song dans la province de Henan.

L'autre est la « boxe interne » ou Gung fu de Wudang. Elle prit naissance dans le milieu taoïste des monts Wudang. La légende nous conte que, pendant la dynastie Beisong, un moine taoïste du nom de Zhang Sanfeng eut la révélation de cette boxe dans un rêve, dicté par les immortels. Il s'agit en fait de la boxe du grand faîte, le Taiji quan, qui se développa ensuite jusqu'en Occident. Ensuite, elle se transmit de génération en génération, formant un style particulier de boxe interne, qualifié d'« avancer, comme un serpent », « se mouvoir comme des ailes ». Cette boxe limite les attaques par une forme statique, triomphe de la force par la grâce, acquiert du mystère en frappant seulement après que l'ennemi a attaqué. On l'appelle Taiji quan à cause du Yin et du Yang, les deux principes opposés de la nature. Cette boxe est devenue célèbre, à l'intérieur du pays et à l'étranger, parce qu'elle préserve la santé de l'homme, et qu'elle est une protection physique et une technique superbe.

L'école de Wudang a des règles très strictes en ce qui concerne le recrutement des élèves, mais nous sommes heureux de constater que les techniques internes de Wudang d'aujourd'hui ont été redécouvertes, perpétuées et développées. Le centre de boxe a été installé sur le mont Wudang et les apprentis taoïstes peuvent avoir une approche du mystère des changements des deux principes opposés par nature grâce à leurs professeurs. La fleur de la technique de la boxe Wudang est destinée à produire de nouveaux fruits.

Comment concilier la pratique martiale et la recherche spirituelle ? Ce paradoxe est résolu par le travail sur la discipline et la concentration qui développent la maîtrise. Mais, surtout, le Gung fu est caractérisé par des mouvements souples qui, en faisant circuler le Qi sans entrave, rendent le pratiquant conscient de l'harmonie des souffles et le plongent dans une méditation qui calme son ardeur agressive. Par ce moyen habile l'agressivité est transformée en non-action.

Un proverbe taoïste l'exprime simplement :

> Peux-tu être à la fois guerrier et mystique ?
> Peux-tu vaincre l'adversaire suprême ?

Cet adversaire suprême, c'est l'ego attaché et jaloux de ses possessions et qui entend faire respecter ses acquis par la violence. Le dernier adversaire à combattre se trouve être la personnalité du guerrier. Vaincre ses propres travers donne la victoire définitive. Un guerrier ordinaire voit en toute personne un adversaire, un guerrier taoïste n'a plus d'adversaire lorsqu'il a éliminé ses propres points faibles. La légende dit qu'un sage n'a plus de points perméables à la mort, car il sait que rien ne meure et que tout se modifie sans cesse.

CULTIVER LE QI

De tout temps, les taoïstes ont recherché la vérité et la pureté par des méthodes de diététique, des cures de plantes et surtout par un travail direct sur l'énergie : relaxation, méditation et Qigong. Le terme *Qigong* est en fait une expression moderne regroupant plusieurs méthodes anciennes chères aux taoïstes :

- réguler le souffle ;
- capter les énergies de la nature ;

- enlever les stagnations du Qi ;
- respirer en conscience ;
- conduire le Qi dans les portes de Jade (les points d'acupuncture majeurs) ;
- développer le feu interne ;
- ouvrir le circuit céleste…

L'énergie d'une personne ordinaire stagne, bloquée par ses expériences stressantes et ses propres comportements négatifs. Le maître taoïste, au contraire, fait circuler son énergie, la nourrit par des méthodes de respiration et de relaxation appropriées. Il purifie son Qi par des visualisations en sachant que l'esprit peut tout. Ce faisant, peu à peu les maladies se font plus rares et un processus de régénération se met en place, ravivant le corps et le cerveau. Les peines et les afflictions de la vie ont de moins en moins d'emprise sur le mental, qui reste clair en toutes circonstances. Nous pouvons remarquer ici l'intérêt de cette recherche dans notre monde pris à son propre piège ; la philosophie taoïste appliquée constitue une ouverture et une chance par sa connaissance profonde des énergies.

ZHANG SAN FENG : LA RÉVÉLATION DU SERPENT ET DE LA GRUE

Il existe deux histoires du Taiji quan, celle racontée dans les textes classiques et la légende transmise oralement dans toutes les écoles de chaque style. Curieusement, l'histoire et les légendes contées par les diverses écoles d'arts internes convergent toutes et décrivent les mêmes faits.

L'origine du Taiji quan plonge ses racines dans la philosophie du Tao. La Chine ancienne présentait alors une structure féodale et les arts martiaux étaient l'objet d'une quête vitale et secrète ; chaque disciple voulant connaître le summum de son art et chaque maître désirant réserver ses meilleures techniques à ses élèves les plus doués et les plus loyaux. En outre, l'apprentissage des arts martiaux était souvent lié à une ordination formelle dans le cadre du taoïsme, puis plus tardivement dans le cadre du bouddhisme.

Bien que les monastères taoïstes fussent naturellement dédiés aux pratiques spirituelles, les arts martiaux étaient cependant enseignés pour former les moines à la discipline et au contrôle de leurs énergies. Ces arts martiaux dits « internes » étaient aussi un vecteur pragmatique d'évolution spirituelle par leurs idéaux et pratiques. L'enseignement restait donc l'apanage des moines, dans un cadre bien différent de l'entraînement des guerriers et mercenaires de cette époque. C'est pourquoi le Taiji quan et le Gung fu originels sont teintés d'une indicible couleur spirituelle et d'une notion initiatique ou filiale.

Ainsi le Taiji quan puise-t-il sa théorie dans la connaissance du Yijing (en particulier dans ses versions taoïstes), dans la théorie médicale taoïste ancienne et dans l'alchimie interne de la circulation des souffles de l'énergie interne et externe (Nei Qi et Wei Qi).

Selon l'école taoïste du mont Hua, l'empereur mythique Shen Hung, agriculteur et herboriste, serait à l'origine de la théorie énergétique cosmologique des huit trigrammes (Ba Gua) du Yijing et des huit mouvements primordiaux du Taiji quan : reculer-tirer vers l'arrière, pousser-presser-tirer vers le bas, se pencher en arrière, pousser avec l'épaule, pousser avec le coude. Chaque mouvement semble ainsi en liaison avec le concept dynamique de chaque trigramme. Cet enseignement purement taoïste du Taiji quan existe encore dans certaines écoles.

On raconte encore que le grand empereur Yu (2000 environ avant J.-C.) créa une sorte de danse cosmique destinée à se mettre en harmonie avec les forces telluriques. Ce style de pas magiques existe encore aujourd'hui dans certaines écoles du taoïsme religieux. Yu pensait que, tout comme l'eau stagnante est souvent infestée de parasites, la stagnation des liquides vitaux et du sang apporte la maladie. Il posa ainsi les origines de la conception taoïste du mouvement hygiénique. L'empreinte de la philosophie naturelle du Tao est évidente dans les textes classiques du Taiji quan, on y trouve notamment cette maxime :

> Rejeter le souffle ancien et inspirer le souffle neuf, se mettre dans la posture de l'ours et s'étirer comme un oiseau.

On retrouve d'ailleurs dans le Taiji quan de tous les styles cette référence à l'oiseau, tant dans le nom des postures que dans la forme en « bec » du poignet et des doigts.

On vient de découvrir en 1973 un texte important sur le yoga taoïste datant de 108 avant J.-C., dans une tombe du Hunan. Sur les quarante figures, certaines indiquent clairement l'imitation du mouvement d'animaux comme l'ours, l'aigle et le singe. Les autres dessins montrent que certains de ces exercices étaient utilisés pour guérir certaines maladies physiques ou psychologiques. Plus tard, sous la dynastie des Han, le célèbre acupuncteur Hua To mit au point une série de mouvements basés sur l'imitation des animaux. On considère que ces mouvements de Daoyin furent à l'origine des postures du Gung fu.

Mais la source de la synthèse du Taiji, mouvements primordiaux du Taiji quan, se trouve certainement dans l'école du mont Hua. Le maître Chen Bo y enseignait le style interne du Liuhobafa (les six harmonies et les huit méthodes), certainement l'ancêtre du Taiji moderne. La statue de ce maître était encore visible au monastère de la source de Jade des monts Hua.

D'autres exercices sont considérés comme d'origine divine, tels les célèbres Batuajin – les huit pièces de brocart ou huit merveilles – pratiqués de façon intensive de nos jours par toute la diaspora chinoise. Le taoïste Lu Dong Bin serait à l'origine de ces mouvements copiés sur la danse des dieux. Plus concrètement, on considère que ces enseignements furent révélés par la voie du rêve ou par le contact avec des Xian pendant de longues retraites de méditation. Ainsi le Taiji quan aurait été enseigné à l'ermite taoïste Zhang San Feng par l'immortel de l'Étoile polaire : Hsuan Tien Zhang Ti à l'aube du premier millénaire, selon d'autres sources le Taiji quan était déjà pratiqué à cette époque sur les cinq pics sacrés du Wudang.

D'une certaine manière, on peut affirmer que personne n'a créé le Taiji quan mais qu'il est le fruit d'une évolution à la croisée de plusieurs influences. La tradition orale de certaines écoles attribue la première forme de Taiji quan au moine taoïste Zheng Yi Dao Ren qui vécut 500 ans avant notre ère. Il ne reste bien sûr aucune trace de cet art interne que l'on nommait « la boxe prénatale », en référence à l'arrangement originel des huit trigrammes du Yijing décrivant la formation du monde.

On considère donc Zhang San Feng (qui vivait aux environs de l'an 1000 de notre ère) comme le père du Taiji quan actuel. Cependant, la vie de ce taoïste légendaire ne fut décrite que dans des textes beaucoup plus tardifs, au XVIe siècle. La légende et la tradition orale nous laissent un portrait haut en couleur de cet homme : d'énormes yeux et de grandes oreilles, de longs cheveux tressés en chignon, ne portant qu'une seule robe en été comme en hiver, mangeant de copieuses quantités de nourriture, grimpant les montagnes comme s'il volait. Zhang San Feng est considéré comme l'un des six grands immortels de l'école taoïste des « immortels cachés » qui florissait encore au début de ce siècle sur le mont Hua. L'histoire du Taiji quan est intimement liée à cette école dont on disait que les maîtres avancés pouvaient rencontrer les maîtres du passé. Ainsi, Zhang San Feng « apparut » à plusieurs disciples jusqu'au XVIIIe siècle. On attribue la rédaction de l'ouvrage *La Pratique du système du Taiji quan* à Zhang San Feng, et l'on cite souvent ce passage descriptif de cet art :

> Le Taiji quan dépasse l'effort. La méditation, qui en est le premier pas, indique l'effort dans la quiétude et la croissance intérieure. Les mouvements du Taiji quan sont la partie externe de cette croissance. On doit combiner l'externe et l'interne, le doux et le dur pour atteindre le but suprême.

Zhang San Feng laissera l'image d'un être spirituellement réalisé qui calqua les mouvements du Taiji quan sur le combat gracieux et mortel d'un oiseau et d'un serpent.

Quelques siècles plus tard, Chen Wangting, général en retraite de l'armée de la dynastie des Ming, axa un style de Taiji quan basé sur le *Livre classique de la Boxe* et sur sa pratique de cette forme de combat qui comportait diverses séquences. Cette version de la naissance de tous les styles du Taiji quan moderne est confirmée par le maître Dong Hao (1897-1959) et recueille l'approbation de presque toutes les écoles. Chen Chen Hsing créa ainsi le style « Chen » qui donna ensuite naissance à toutes les autres écoles du Taiji quan : style Yang, style Wu (il existe deux styles Wu distincts dont l'orthographe en écriture chinoise est différente), style Sun, style Guang Bin…

Le directeur actuel de l'Institut d'exercices physiques de Shanghai Gu Liuxin attribue à Chen Wangting la synthèse des pratiques suivantes :

- La coordination entre les mouvements et la respiration (souvent absente de certains styles enseignés en Occident).
- Les mouvements en spirale qui entretiennent la bonne circulation du Qi ou énergie vitale.
- L'exercice à deux, Tui Shou (se pousser avec les

mains), dont la pratique en compétition existe encore de nos jours.

Le style Chen est caractérisé par une succession de mouvements tour à tour lents et rapides et les coups de pieds surgissent parfois d'une façon explosive.

Ce style comprenait deux formes de mouvements originales qui se sont transmises le long de 17 générations, de la famille Chen jusqu'au dernier grand maître : Chen Fake (1887-1957).

À l'époque de la révolution de 1911, le Taiji quan était à la mode à Pékin, cela surtout à cause de sa réputation de méthode curative. On dit même que la plupart de pratiquants étaient alors uniquement préoccupés par son côté curatif, c'est pourquoi à cette époque naquirent des formes édulcorées de cet art martial « interne ». La pratique de la boxe du Taiji apportait la valeur d'une recherche taoïste pour « obtenir un cœur serein et un esprit concentré ». Cependant, le renouveau actuel de la forme Chen oriente le Taiji quan à la fois vers ses applications martiales et la pratique d'une méthode de gant. De plus, les exercices complémentaires visant à entraîner l'énergie le long de spirales de forces (le Chan Jun

Chin) renouent avec l'énergétique chinoise et avec les mouvements liés aux huit trigrammes du Yijing Jing.

Du point de vue thérapeutique, les recherches chinoises ont montré que la pratique du Taiji quan apportait des résultats sensibles dans les troubles suivants : la neurasthénie, les névralgies chroniques, l'hypertension, les gastrites et tous les troubles digestifs chroniques, les maladies cardiaques, la tuberculose, l'arthrite, le diabète, et les maladies chroniques en général.

TONNERRE, VACUITÉ ET MONTAGNE

La légende dit que le premier dessin du Wuji ou grande vacuité fut révélé à un ermite du nom du « sage de la rivière » qui le gravait sur une paroi rocheuse des grandes montagnes sacrées de Huashan. Comme tous les taoïstes, cet ermite joignait la pratique assidue de la méditation aux exercices internes.

Dans le milieu des arts martiaux internes, on considère que le « sage de la rivière » est à l'origine du style des « six harmonies et des huit méthodes » (Liu Ho Pa Fa) considéré comme l'un des ancêtres du Taiji quan (Tai Chi Chuan). On attribue aussi à ce moine prolixe la description de postures allongées de méditation et un système de biorythmes énergétiques. L'*entrée de la porte sans nom* désigne, selon le philosophe Zhuang Zi, l'origine de toutes choses, le chaos lumineux.

Les sages du Tao, en dehors de toute visée panthéiste, ont pris pour support les phénomènes naturels pour décrire les réalités subtiles du monde spirituel.

Le tonnerre fait le lien fulgurant entre le ciel et la terre, comme un message du Yang pur qui vient frapper la terre. C'est le signe de l'activité du Dragon qui provoque le réveil et l'éveil des forces spirituelles. Dans certaines écoles, cette énergie particulière du Dragon est utilisée dans la guérison. Ainsi, au début du printemps, des adeptes taoïstes pratiquent la méditation debout sous les premiers orages pour capter ces forces vives du Yang natif. Ils font face aux premiers nuages orageux du printemps et absorbent les souffles.

De nombreuses formes d'exercices utilisent ainsi le support de phénomènes naturels pour développer le potentiel spirituel. En voici quelques exemples sous leur nom poétique :

- échanger l'eau et le feu ;

- avaler le nectar du Soleil et de la Lune ;
- le voyage dans la constellation du Grand Chariot ;
- la méditation des cinq nuages ;
- produire l'élixir de Jade ;
- le tonnerre de guérison ;
- travailler avec les sept étoiles.

La connaissance spirituelle se transmet donc de bouche à oreille par la tradition et aussi par l'accès direct aux visions spirituelles. Les endroits calmes de retraite isolés, plus accessibles aux énergies subtiles, permettent ces contacts par la voie du rêve ou de la méditation.

CHAN ET TAO

Le Chan (Zhan) ou Zen chinois ancien est une école du bouddhisme qui s'apparente historiquement et philosophiquement au taoïsme spirituel. Fondée en Chine par le patriarche Boddhidharma, cette école met l'accent sur la pratique de la méditation.

Boddhidharma est considéré comme le sage qui apporta la méditation bouddhiste en Chine de l'Inde au ve siècle de notre ère. On lui attribue la formulation de nombreux styles de Qigong : Yi jin jing, Xue che shuei…

La légende nous conte qu'il introduisit ces exercices pour disperser la stagnation du Qi pouvant survenir par la méditation pratiquée incorrectement. Cette idée sera reprise par le fondateur de l'école Tien tai, Je Yi, qui prescrira des respirations et des sons pour disperser cette stagnation. Nous percevons ainsi l'influence du taoïsme sur le bouddhisme en Chine et leur étroite corrélation.

La pratique principale est bien sûr la méditation ou Chanqi (en japonais *sessin*). Elle consiste à pratiquer pendant de longues sessions sur la base de l'enseignement oral. Le naturel se recherche aussi dans la posture comme le montre ce conseil qui pourrait aussi être dicté par un taoïste :

> S'asseoir en perfectionnant sans cesse la posture. Ne pas laisser les jambes et le dos devenir froids, mais chercher la posture naturelle du corps, celle qui met à l'aise le corps et l'esprit.

La pratique du Chan implique aussi l'utilisation d'un Huatou, sorte de paradoxe qui provoque un éclair de conscience spirituelle par son insolvabilité.

Pratique

La respiration primordiale

On attribue traditionnellement à Lao Zi, l'auteur du Dao De Jing, *l'élaboration de méthode respiratoires en vue de fortifier la santé et de s'unir au Tao. D'après lui, il faudrait que l'homme nourrisse les trois précieuses pilules d'immortalité : celle de la terre se référant aux aliments et aux plantes, celle de l'être humain se référant à l'équilibre du Yin et du Yang, celle du ciel indiquant la progression spirituelle.*

Commencez par vous allonger sur le sol ou sur votre lit, en prenant soin, si possible, d'enlever l'oreiller. Écartez légèrement vos jambes l'une de l'autre et commencez à frotter vos mains l'une contre l'autre afin de les réchauffer convenablement.

Placez-les maintenant en contact direct avec la peau de votre ventre, à la hauteur et de chaque côté du nombril. Pressez les mains doucement sur le ventre de façon à former une dépression de l'abdomen. Rejetez bien tout l'air qui était contenu dans vos poumons.

Inspirez maintenant calmement, en laissant votre ventre gonfler et s'étendre vers le haut comme un ballon qui se rem-

plit d'air. Agissez comme si l'air pénétrait dans votre abdomen sans gonfler la cage thoracique, en soulevant doucement vos deux mains posées à plat sur la région du nombril. Au cours de toute respiration, on doit être attentif à cette région liée au réchauffeur inférieur et racine du souffle. Elle représente également l'axe de gravité à partir duquel s'organisent les exercices debout et assis.

Recommencez cette respiration douze fois, avec une concentration parfaite sur ce que vous faites et en aidant votre prise de conscience par la visualisation suivante : imaginez et « sentez » qu'à chaque inspiration l'air qui pénètre, chargé de substance vitalisante et de Qi lumineux, se dirige jusqu'au bas-ventre et emplit l'abdomen d'une chaleur bienfaisante.

Voilà toute la méthode ! Très simple, mais parfois longue à maîtriser vraiment. Vous vous sentirez à l'aise avec cette respiration au bout d'une à deux semaines de pratique.

Elle constitue la base de nombreux autres exercices chinois tels que le Taiji quan et le Gung fu. Pratiquez-la le matin au lever et le soir avant de vous endormir. Une seule exception : elle ne devrait pas être pratiquée par les femmes pendant le cours de la grossesse.

Les caractéristiques de la respiration abdominale énergétique sont les suivantes : la respiration doit être exécutée selon un rythme : doux, léger, régulier, lent, long et profond. À l'expiration, l'abdomen s'aplatit. À l'inspiration, l'abdomen se gonfle.

La respiration devient de plus en plus ténue : l'entrée et la sortie de l'air sont très faibles. Avec le temps et la pratique, on en vient même à ne plus sentir la respiration.

Si l'on arrive à atteindre l'état de non-respiration, il n'y a plus ni d'inspiration ni d'expiration. Les organes de la respiration semblent inutiles et l'air semble entrer et sortir par les pores. Cette étape constitue le résultat de la pratique de la respiration naturelle. Pour les débutants, il ne faut pas chercher cet état, l'on doit au contraire rechercher la pratique naturelle, la plus importante.

CHAPITRE 3

LES CARTES DU QI

LE CORPS D'ÉNERGIE

La conception taoïste des énergies humaines s'exprime sur le papier par des dessins symboliques, voire ésotériques. La figure suivante *(voir page 76)* représente les énergies de transformation dans le corps.

Au sommet du crâne est représenté le point de contact avec les énergies Yang les plus spirituelles. C'est aussi le point où, dans le meilleur des cas, l'esprit quitte le corps au moment de la mort.

Les deux yeux sont représentés symboliquement par le Soleil et la Lune. En fait, les taoïstes considèrent les yeux comme la partie la plus Yang du corps. Certaines pratiques de purification visent à provoquer des larmes

par une intense concentration sur la flamme d'une bougie. Ce processus est utilisé, notamment, pour nettoyer l'énergie Yang des impuretés et des maladies. Le travail des yeux est aussi pratiqué dans certaines méthodes pour fixer l'énergie dans le centre ombilical du Dantian.

Au niveau de la glande pituitaire, derrière les yeux, on dessine souvent un vieil homme qui représente la sagesse et la pureté.

Les glandes salivaires sont nommées le « lac de la tête » d'où coule le nectar salivaire qui va descendre renforcer le Qi du Dantian. En fait, il s'agit de la salive produite pendant les exercices de souffle, qui est considérée comme une véritable médecine.

L'oreiller de Jade, à la base de la nuque, représente la dernière barrière de l'ascension du Qi vers le cerveau. Une étape limitée par les conceptions et ce que les taoïstes nomment la stupidité.

Les deux méridiens : frontal (Jenmai) et dorsal (Dumai) sont souvent décrits comme deux arcs-en-ciel. Ils connectent les énergies fondamentales.

La langue pointée vers la racine des dents de la mâchoire supérieure est parfois représentée par un vieux moine au regard bleu. Il symbolise la connexion entre les deux méridiens suscités. Ce point de connexion est appelé le Pont de Pie en hommage à la constellation céleste.

Au centre du Dumai du milieu est représenté un enfant debout sur des pièces d'or, il touche l'Étoile polaire. Le message est le suivant : si l'on peut retrouver la spontanéité d'un enfant, on peut atteindre le cœur de l'univers.

Le foie et son énergie sont indiqués sous la forme d'arbres incarnats, l'élément bois de la tradition des cinq éléments dynamiques.

La jeune tisserande travaille au centre ombilical et prépare l'énergie de la soie, bien connue des adeptes du Taiji quan. Cette force est destinée à gravir le méridien Dumai le long de la colonne vertébrale.

Le point opposé au nombril est souvent représenté par une flamme. Il s'agit du Ming Men, la porte de la Destinée. Ce point doit être actif pour que le Qi monte le long du Dumai. C'est en fait le moteur de l'énergie ascendante de type Yang.

Au milieu du ventre se trouve le Dantian inférieur,

souvent dessiné sous la forme d'un Yin-Yang qui irradie dans toutes les directions. C'est l'endroit où le Qi est stocké et c'est le creuset de l'alchimie taoïste.

Souvent un buffle de fer représente l'énergie sexuelle et l'essence vitale, le Jing. Cette énergie, l'un des trois trésors, va nourrir les moelles et le cerveau.

À la base de la colonne vertébrale, deux enfants (le Yin et le Yang) activent la pompe du sacrum qui stimule la montée du Qi destiné à être purifié.

SAN BAO : LES TROIS TRÉSORS

Les trois précieuses substances constituent la base même de la pratique de la voie naturelle du Tao. Nous avons déjà remarqué le côté pragmatique des taoïstes, qui appuient leur démarche spirituelle sur une riche compréhension de la physiologie énergétique. Les sages du Tao considèrent une notion tripartite de l'être humain : corps, souffle et conscience.

Nous savons qu'une action de purification sur le corps engendre des améliorations sensibles au niveau du comportement et de la clarté de l'esprit. Cet état de fait était connu des médecins antiques occidentaux comme Hippocrate. L'inverse est aussi constaté : un comportement erratique et pusillanime engendre une mauvaise digestion. Nous connaissons aussi les effets somatiques du stress. Ainsi les trois trésors sont en constante relation.

Sous un angle plus positif, la purification du corps, le contrôle harmonieux des souffles et l'entraînement de l'esprit apportent des résultats positifs sur l'ensemble holistique humain.

Le premier trésor est le Jing ou essence de vie, qui détermine au moment de la naissance un certain nombre de potentialités. Nous pourrions résumer le Jing sous le terme de « facteur héréditaire », mais ce serait le limiter à une définition matérialiste, et enlever au destin (Ming) toute sa force spirituelle. C'est la démarche qu'a entreprise la médecine traditionnelle chinoise actuelle, en limitant le Jing à cette conception étriquée et vidée de substantifique moelle. Cette potentialité du Jing est cependant réduite par le facteur héréditaire et le destin, lui-même issu de l'universelle loi de réponse (Ti kien) des forces innombrables en présence. Les difficultés de croissance et les graves maladies ainsi que les manquements brutaux à l'hygiène élémentaire sont autant de causes de perte de cette substance qui, de toute façon, fuit à grands pas sous l'outrage des années.

Pour les taoïstes, le Jingshen forme la base biologique et spirituelle de la vie humaine. Le Jing constitue la base du processus de création de l'énergie subtile de l'homme. On considère deux types de Jing :

- le Xiantian Jing, ou Jing originel qui provient de l'hérédité et du sang des parents sur le plan physique et du destin ou karma sur le plan spirituel. Ce Jing, que l'on nomme aussi Yuanjing, essence ancestrale, se trouve à la charnière entre le monde physique et la monde spirituel ;
- le second ou Houtian Jing est formé de la synthèse des énergies de réserve issues de l'alimentation et de la respiration.

Les deux composants fondamentaux se combinent pour produire le potentiel vital ou Jingqi, fixé entre les reins. Ces derniers sont donc au cœur du phénomène de la vie car, comme le disent les classiques médicaux :

> Les reins contiennent le jing, contrôlent le système osseux, produisent la moelle, condensent la sagesse et sont la vraie racine du Qi.

Le Qi, plus connu, reste cependant un plus grand mystère. Il s'agit bien de cette forme d'énergie subtile qui circule dans des canaux communs et extraordinaires que l'on nomme les réseaux des Jingluo. Les anciens philosophes taoïstes considèrent ce Qi comme la base de la vie et le situent à la charnière entre le corps et l'esprit. Les classiques disent :

> Le Yinqi et le Yangqi produisent les dix mille choses de cet univers.

L'ermite et alchimiste taoïste Ge Hong ajoute :

> L'homme est né au beau milieu du Qi, le Qi est dans l'homme. Le ciel, la terre, toutes les choses — il n'y a rien qui ne doive son existence au Qi.

Lorsque ce Qi circule dans le corps, se transforme et permet la pérennité de la vie, on lui donne plusieurs noms qui reflètent son importance : Yuanqi, Zhenqi, Zhengqi. Les fonctions du Zhenqi sont bien connues des pratiquants de la médecine chinoise :

- il dirige la pulsation du sang ;
- il maintient l'équilibre thermique du corps ;
- il dirige le processus de protection du corps contre les agressions climatiques et virales ;

- il contrôle les sécrétions des émonctoires ;
- il maintient le fonctionnement des organes vitaux.

Pour les taoïstes, ce Qi a une autre fonction, celle de relier la conscience et la matière par l'intermédiaire des sensations subtiles. En somme il peut être considéré comme un réceptacle de l'intelligence et peut ainsi répondre à la conscience. Le Qi peut aussi se laisser guider inconsciemment par des influx dénués de volition. Peut-être s'agit-il de la clé des maladies d'origine psychosomatiques.

Le Qi doit donc passer par le processus de la transformation alchimique pour être purifié. De plus, les canaux eux-mêmes, les méridiens du Qi, ne doivent pas constituer un obstacle à sa libre circulation. Nous saisissons ici l'importance, pour les taoïstes, de certains exercices (Daoyin, Qigong) permettant d'apprivoiser progressivement ce Qi qui se trouve à l'origine sous la forme d'un animal sauvage prêt à réagir anarchiquement à la moindre émotion.

Enfin, le Shen ou conscience spirituelle se divise aussi en deux types :

- le Houtianshen ou Shen du ciel postérieur qui correspond à notre conscience ordinaire discriminante qui gère nos sensations, nos perceptions en contact permanent avec le monde extérieur ;

- le Xiantianshen ou Yuanshen est à la fois la conscience spirituelle et un point de contact entre monde des parents et des ancêtres.

La relation étroite qui va se nouer lors de la pratique de la voie du Tao entre le Qi et le Shen en constitue la clé de voûte :

> Avant que l'on ne commence le développement spirituel, le Qi et le Shen étaient déconnectés et se rencontraient difficilement. Après la pratique, ils se combinent en un mariage indissociable.

DANTIAN : LES CHAMPS ALCHIMIQUES DE L'ÉLIXIR

Nous avons précédemment précisé la localisation de centres énergétiques dans le corps, et particulièrement celle du Xia Dantian au milieu de l'abdomen. Quelle peut être la signification de ces lieux du Qi ? *Dan* signifie « élixir », en référence à l'élixir alchimique de longue vie. Le mot Tian signifie simplement « champs de culture » comme le champ d'un paysan. L'ensemble des deux mots se réfère à un lieu agraire de culture de l'énergie vitale où se raffine une substance subtile et purifiée. Comme nous le découvrirons plus loin, la signification du mot « pureté » se réfère plus à une notion mécanique qu'à un sens moral, bien que ce dernier puisse apparaître comme un épiphénomène.

Lorsque les taoïstes désignent le Dantian au singulier, il s'agit du centre situé en plein milieu du corps, à trois travers de pouce sous le nombril. Si nous observons les traces des canaux d'énergie de la médecine chinoise, et particulièrement ceux des huit canaux extraordinaires, on constate que l'un d'entre eux semble ne pas avoir de point sur la peau et circule au beau milieu du corps. Ce canal se nomme Zhong mai ou *vaisseau des hostilités* dont les taoïstes décrivent un trajet légèrement différent de celui des acupuncteurs.

En général, les canaux extraordinaires sont considérés comme le support de traitements en profondeur par l'intermédiaire de leurs points d'ouverture au nombre de huit et liés aux huit trigrammes du Yi Jing. Cette forme de thérapie a pourtant été critiquée au lendemain de la révolution culturelle en Chine, car elle faisait appel à des données de la tradition spirituelle condamnée par le marxisme du « Grand Timonier ». Cependant, si l'on se penche sur les recherches actuelles chinoises en matière de médecine traditionnelle, on s'aperçoit que les huit canaux extraordinaires sont revenus au programme.

Les acupuncteurs utilisent surtout les douze canaux ou « méridiens », dont chacun porte le nom d'un organe physique. Les taoïstes privilégient le réseau des huit canaux extraordinaires considéré comme un pont entre le Jing et la conscience, c'est-à-dire entre la constitution héréditaire et la conscience. Le Zhong mai ou « canal des hostilités » traverse donc le milieu du corps, du périnée (point Hui yin) au sommet du crâne (point Bai hui). D'un point de vue anatomique, il est évident que ce canal ne correspond à aucun système organique précis. Si nous nous tournons vers d'autres enseignements traditionnels asiatiques, nous constatons que ce canal central est présent dans tous les textes classiques. Du point de vue taoïste, il est le support des trois principaux Dantian. Il est donc utilisé fréquemment dans les méthodes de conduite de l'énergie et la méditation. Les taoïstes considèrent que ce canal devrait être parfaitement droit et lumineux, si notre conscience était au summum de ses capacités et de son harmonie. Malheureusement, ils considèrent aussi que le commun des mortels est affligé de blocages structurels le long de ce canal qui se reflètent à la fois sur le plan physique et sur le plan psychologique.

Le Dantian du ventre ou Xia Dantian est donc bien situé au milieu du ventre, prenant appui sur ce canal. C'est le lieu où l'adepte pratique la culture du Jing ou essence vitale ancestrale.

Le Dantian médian est situé au milieu de la poitrine, à l'horizontale du point Shanzhong. Certaines écoles taoïstes situent ici le lieu de développement du Qi. Ce champ d'énergie est aussi considéré comme le lieu de rencontre du Yin et du Yang, le lieu d'union du Ciel et de la Terre. Le Qi possède les deux qualités Yin et Yang : il peut descendre ou monter, sortir ou rentrer.

Le champ de l'élixir supérieur est situé au milieu du crâne au niveau point Yintang ; c'est là que l'adepte cultive l'énergie spirituelle issue du Shen.

Le travail préliminaire de la voie du Tao consiste à nourrir et développer ces centres d'énergie subtile.

Une description taoïste traditionnelle explique le lien entre ces trois champs d'énergie :

> La conscience tourne comme une roue au ventre, à la poitrine et dans la tête. L'axe de connexion est le vide parfait. Sans un axe parfaitement libre de mouvement et sans obstruction, le Qi ne peut circuler.

LE SOUFFLE, LA VIE, LE TAO

Pour les sages du Tao, la respiration et la visualisation liée à celle-ci furent certainement la source de leurs recherches principales, tant sur le plan de la santé que sur celui de la maîtrise de l'esprit. Les textes les plus anciens font référence au terme *Tuna* qui a pour sens : inspirer le Qi adéquat et expirer le Qi pervers. Chaque inspiration est sensée amener la vitalité, la santé et l'éveil et chaque expiration drainer la maladie, les toxines physiques et mentales. Un proverbe chinois dit que l'homme respire comme l'oiseau vole et le poisson nage. Sans la respiration, même l'esprit le plus fort disparaît de ce monde.

Les raisons qui poussèrent les sages du Tao à développer divers styles de respiration se résument en quelques points majeurs :

- la respiration correcte améliore la santé ;
- elle amène aussi une certaine fraîcheur, un éveil de la conscience ;
- la respiration est un facteur d'échange avec l'environnement et l'univers et nous montre notre interdépendance ;
- il existe une possibilité de rendre conscients certains processus de respiration qui à l'état normal sont inconscients ;
- la respiration et le déroulement des réactions émotionnelles sont en étroite relation, ainsi le souffle est un pont entre notre vie affective et notre vie organique ;
- le souffle semble en relation directe avec la grande vacuité, le Wuji, et ouvre les portes du monde spirituel.

Dans les écoles plus modernes de Qigong, la maîtrise de la respiration tient toujours une place importante, même si le marxisme dialectique l'a souvent réduite à un rôle purement physiologique. Le terme Qigong semble d'une origine récente et il fut utilisé dans son contexte pour la première fois au cours de années 30 de notre siècle. Le terme ancien qui regroupe les activités connues actuellement sous le terme Qigong était Daoyin : guider l'énergie vitale dans le but de guérison.

La plus ancienne référence à ce style d'exercice date du VIe siècle avant J.-C. Elle est inscrite sur six plaquettes de Jade. Il s'agissait de condenser le Qi au milieu du corps de façon à le développer ensuite dans tout le corps. Plus tard les taoïstes comparent l'énergie stagnante du corps à un marécage, source de maladie. Cette idée de combattre la stagnation du Qi est particulière aux taoïstes et demeure au centre de leur préoccupation d'hygiène. Sans le mouvement du Qi pur, même l'éveil spirituel est difficile. Ce point de détail différencie la conception de la médecine taoïste du système connu aujourd'hui sous le nom de médecine traditionnelle chinoise. Le Qi doit donc rester en mouvement perpétuel comme l'eau sortant de la source. Alors l'esprit est calme et sans concept. Cette notion de pureté est donc différente de notre concept moral à ce sujet.

La stagnation du Qi conduit ainsi à des excès et des insuffisances de Qi dans telle ou telle partie du corps. La maladie suit naturellement ce processus. L'une des grandes maladies de ce siècle, le cancer, est ainsi considérée à la base comme une importante stagnation du Qi déclenchée après un état de conscience particulier.

Un document important fut découvert en 1973 dans la tombe de l'empereur Ma : les textes inscrits sur la soie du premier traité de Daoyin (168 avant J.-C.). Quarante-quatre dessins décrivent différents exercices et postures (dont certaines allongées). Sous chacune de ces figures, un texte nomme la maladie que ces exercices traitent. Certaines de ces figures représentent des adolescents, des enfants ou des vieillards, montrant ainsi que ce type d'exercice n'était pas réservé aux seuls adeptes taoïstes.

La pratique taoïste consistant à prescrire des exercices pour différentes maladies ne représente pas, bien sûr, la façon dont certaines postures et certains souffles étaient utilisés dans la voie de la quiétude de l'esprit et de l'éveil spirituel.

Si l'on devait répertorier les divers styles et méthodes de respiration que les sages du Tao ont utilisés, on remplirait des bibliothèques entières et nous n'aurions qu'une vague idée de l'immensité du savoir taoïste dans ce domaine, car la tradition orale reste encore le seul point de référence. Sans vouloir se lancer dans une classification partielle et hasardeuse de ces méthodes, il est possible, à titre d'exemple, de considérer la progression proposée par l'école des Immortels cachés – Yin Xian Pai.

Cette école propose une progression caractéristique de la voie taoïste. Le souffle est d'abord à son état naturel mais chaotique, puis est gentiment apprivoisé pour enfin retourner à un état naturel non chaotique et profond.

- *Tsu jan Hui xi :* le souffle naturel observé.
- *Shen Hui xi :* la respiration consciente au cours de laquelle une exhalaison de purification est effectuée par la bouche.
- *Wai Hui xi :* un appel à la vitalité de l'univers pour nourrir le Dantian.
- *Nei Hui xi :* le souffle semble ne circuler qu'à l'intérieur des Dantian.
- *Jing Hui xi :* la respiration tranquille et profonde, concentrée sur le Dantian.
- *Tai xi :* une étape avancée de la respiration précédente au cours de laquelle le souffle semble s'arrêter et l'état de Wuji apparaît.

Cette dernière étape est décrite par le maître Huang Yuan Chi comme :

> L'impression d'être un dragon tenant une perle entre les dents… La respiration emplit tout le corps, au-dessus et en dessous, à l'intérieur et à l'extérieur.

Dans l'ancienne compilation du Daoyin jing, le souffle est combiné à des postures qui aident à guérir telle ou telle maladie. Une fois la guérison obtenue, la « prescription » respiratoire est interrompue. Le souffle a joué dans ce cas le même rôle qu'une formule de plantes médicinales. Dans les traditions du taoïsme spirituel, les méthodes de souffle suivent au contraire une progression.

Le Qigong fut tellement lié historiquement au Tao qu'il fut presque illégal de le pratiquer sous sa forme spirituelle entre 1949 et 1970. À partir des années 80, un grand scientifique chinois, le Dr Chen Shue Sen, créa la surprise en Chine en demandant un protocole de recherche dans le domaine du Qigong dont il dit :

> Le Qigong est la plus haute technologie humaine.

Cette recherche, qui est effectivement faite de façon intensive en Chine aujourd'hui, ne doit pas nous faire oublier la base spirituelle sur laquelle cette approche de l'énergie est fondée : la voie naturelle du Tao.

LE QI DES ALIMENTS

L'enseignement taoïste aborde le problème de l'alimentation sous plusieurs angles différents qui ont pu tromper les chercheurs occidentaux. On lit ici que les taoïstes ne mangeaient que des végétaux et racines crues et là qu'ils consommaient surtout du riz et des aliments chauds exclusivement. Bien que les textes classiques puissent sembler contradictoires, la réponse se trouve dans l'observation des monastères contemporains et dans l'explication des maîtres actuels.

Avant tout, les taoïstes pensent que le corps humain subtil est voué à la décrépitude sous l'influence symbolique de trois « vers internes » qui parasitent les trois Dantian principaux. Le premier se situe dans l'abdomen, le second dans la zone cardiaque et le troisième dans le centre de la tête. La façon de les éliminer consiste à supprimer leur source de ravitaillement, tout comme certains parasites peuvent disparaître lorsque l'on diminue la ration quotidienne de sucres rapides et industriels. Ces trois vers ne sont pas nourris seulement par la mauvaise qualité de la nourriture, mais aussi par des habitudes et comportements inadéquats.

La nourriture qui convient le moins au développement des potentialités spirituelles est la nourriture lourde qui tend à congestionner les canaux du Qi. L'excès de céréales, de produits laitiers et de viande peut provoquer cet effet de congestion. Pourtant, ces différents aliments sont considérés comme nourrissants et toniques par la médecine chinoise. En fait, certains de ces aliments sont même conseillés dans nombre de maladies chroniques et aiguës ; citons pour exemple le bouillon de poule dans la convalescence et l'anémie. L'harmonie des aliments dépend pour beaucoup de l'état actuel de la conscience.

Les nourritures précitées peuvent avoir une action positive sur la santé et en même temps limiter le niveau de conscience. La pratique longue de la méditation conduit les taoïstes à d'autres réflexions que le simple souci diététique : diminuer la quantité de nourriture peut être un bien pour les pléthoriques, car absorber une nourriture grossière et lourde diminue la faculté de raisonner clairement, tuer des êtres doués de conscience pour satisfaire ses seuls besoins gustatifs semble un acte gratuit. Toutes ces considérations les amèneraient à éviter le fanatisme alimentaire et à laisser chacun se nourrir de la façon la plus harmonieuse possible selon les circonstances. Doser les cinq saveurs, éviter les pertes de vie inutiles par le végétarisme, garder toujours bonne mesure, équilibrer le chaud et le froid, le cru et le cuit et surtout maintenir le sens de la mesure sont leurs conseils précieux. Selon les différentes écoles taoïstes et dans des cadres particuliers de retraite, une nourriture plus spécifique pouvait être adoptée : celui qui cultivait le Yang consommait des aliments de nature chaude et celui qui générait le Yin ne consommait que du cru. Ces sortes de jeûnes étaient bien sûr limités dans le temps et s'accompagnaient d'une pratique spirituelle assidue.

LE QI GLACÉ PAR LE STRESS

L'application pratique de la philosophie naturelle du Tao dans l'exercice physique de santé se trouve dans la notion de circulation du Qi. Si ce dernier est bloqué par des contractures, des stagnations de sang dues aux stress ou aux éléments climatiques, il en subira un déséquilibre qui amènera un état de malaise, voire des douleurs.

Pour les taoïstes cette notion de circulation du Qi est primordiale pour le maintien de la santé. Cette notion diffère dans son énoncé des principes généraux de la médecine chinoise classique qui considère plutôt les notions quantitatives et qualitatives de l'énergie et des substances vitales.

Pour dissoudre l'engorgement du Qi, le mouvement est préconisé. Cependant, cette dynamique se révèle insuffisante si les muscles et les tendons restent contractés. Ici intervient la notion de *Song* que l'on pourrait traduire de façon lapidaire par relaxation. En fait, ce terme implique une notion d'action et de détente simultanées. Au cœur des arts internes taoïstes du Taiji quan et du Bagua zhang, ce travail paradoxal se trouve être le pivot du progrès. La forme extérieure est insuffisante pour amener le Qi à circuler de façon naturelle dans le système des Jingluo.

Les traditions taoïstes ont exprimé cette notion de libre circulation de l'énergie sous l'allégorie de la glace qui se transforme en eau, puis en vapeur. La glace représente les tensions chroniques accumulées dans le corps sous l'influence des stress physiques et émotionnels. Par le travail interne sur la sensation et l'induction d'une vision (Zi ou tseu) intérieure, le Qi peut libérer l'énergie (l'eau) qui se met alors à s'écouler dans les canaux subtils, nourrissant le Qi routinier. Ensuite cette même eau peut se transformer, par la force de la concentration, en une substance alchimique qui est en fait une énergie plus pure et plus consciente. Ce véritable processus alchimique qui s'appuie très concrètement sur le corps et la relaxation est de fait un premier pas sur le chemin spirituel. *La relaxation véritable est la clé de la paix intérieure.*

L'ALCHIMIE DES CINQ ÉMOTIONS

L'enseignement taoïste concernant les émotions diffère des idées reçues que l'on peut acquérir sur la question. Ces idées reçues ne sont pas innocentes, elles tentent de montrer que la voie du Tao est semblable à la démarche du consensus de la psychothérapie moderne post-freudienne. Il n'en est rien, car la voie du Tao ne vise pas la libération des émotions conflictuelles par l'expression paroxystique ou analytique, mais bien par leur dissolution dans la grande vacuité lumineuse.

Le conseil de base concernant la façon de gérer ses émotions est le suivant :

> S'asseoir et oublier (Tso wang), puis observer les émotions s'élever comme on regarde la brume du matin se dissiper dans le ciel bleu.

Les émotions conflictuelles nous créent de nombreux obstacles, tant sur le plan organique que sur le plan social. Les taoïstes ont relié les émotions principales aux cycles des cinq phases et des cinq organes vitaux. Cette conception géniale leur a permis de comprendre la psychosomatique bien avant l'invention du mot. En fait, ils examinent sept émotions conflictuelles – Qi qing – et considèrent leur interrelation avec le fonctionnement du Qi :

- La colère provoque une contraction du Qi qui affecte les tendons (stress) et le foie.
- La tristesse et le remords provoquent une fuite du Qi et une fatigue chronique. L'état fonctionnel des poumons en est affecté.

- L'anxiété et la peur provoquent une descente du Qi qui nuit aux reins.
- La mélancolie amène une stagnation du Qi qui bloque le libre fonctionnement de la rate et de l'estomac.
- L'envie provoque une constriction proche de la colère.
- La rancune bloque l'expression de l'énergie dans la région cardiaque.
- La joie impatiente et l'hystérie excitent le cœur au point de le fragiliser.

Cette brève énumération nous montre cependant que pour les taoïstes le corps, l'énergie et la conscience sont intimement liés et que l'homme peut devenir l'esclave malade de ses émotions. Sa liberté devient alors une illusion, comment peut-on alors dire que la simple complaisance dans le jeu émotionnel soit une libération ?

L'homme est un être émotionnel, il ressent profondément les événements et s'implique constamment et parfois inconsciemment dans les relations complexes. Il veut être heureux mais son bonheur repose sur une douce illusion. Il accepte les bons côtés de la vie et refuse obstinément de regarder les moments difficiles qu'il devra affronter. En fait, on constate que les émotions extrêmes nous font perdre notre équilibre. Comment peut-on alors simplement regarder une émotion comme un nuage qui traverse le ciel ? La réponse des taoïstes consiste à essayer et à pratiquer le plus souvent possible. Au début, ce processus semble intellectuel, mais l'utilisation de la vision *(Tzi)* combinée avec la quiétude donne à cette méthode une force naturelle. Elle sera développée dans le dernier chapitre de notre livre.

Dans la Chine actuelle, certaines méthodes de Qigong sont pratiquées dans le but de provoquer une décharge émotionnelle ou violente de type paroxystique. Dans nombre de cas, ces pratiques ne reposent pas sur la méthodologie traditionnelle taoïste. Plus encore, certaines de ces écoles sont fortement influencées par la psychothérapie occidentale. Le Dr Pang Heming, directeur du Zhi Neng Qigong Hospital, récuse fermement ces pratiques dans ces termes :

> En Chine, beaucoup de gens pratiquent le Qigong et font l'expérience des cris incontrôlables, des pleurs, des tremblements et de divers phénomènes prétendus paranormaux.

> Cela prouve seulement qu'ils n'ont aucune base concrète. Ils prennent ces événements illusoires pour de réels progrès. Certains professeurs manipulent leurs étudiants pour provoquer de telles extériorisations psychologiques. Mais ces manifestations sont aussi peu remarquables que des ombres. Au contraire, recherchons ce qui est réel.

Le terme de quiétude ne doit pas être compris comme un état négatif excluant toute stimulation sensorielle ou émotionnelle. C'est au contraire une acceptation calme, libre de toute émotion conflictuelle. Un proverbe chinois disait : « Une once de confusion amène mille onces de chaos. » Avec un esprit calme et clair, les solutions apparaissent plus facilement que sous l'impulsion d'émotions paroxystiques. C'est le sens de la sagesse taoïste.

> Ceux qui sont incapables d'approcher le Tao sont ceux dont l'esprit manque de clarté et qui sont les esclaves de leurs émotions.

Lao Zi exprime ainsi le rôle de pierre de touche des émotions conflictuelles. Cet enseignement sera en fait l'un des grands thèmes de la pratique intérieure de transformation taoïste. L'énergie gaspillée dans les émotions mondaines ne peut en fait servir dans le grand processus de purification.

Si nous observons ce conseil d'un point de vue

moderne, nous pouvons considérer que le stress enferme notre énergie vitale dans des tensions superflues et que les émotions paroxystiques obscurcissent notre conscience, lui donnant en quelque sorte des « circonstances atténuantes » pour se détourner de l'essentiel.

Au cœur des émotions, les taoïstes considèrent l'envie comme la source de tous les attachements, cette soif de posséder, de voir, de ressentir est selon eux de nature yin, passive. C'est une prison dorée dans laquelle nous croyons agir librement. Dans le *Daode Jing*, Lao Zi nous exprime cette idée d'une façon fulgurante :

> Dans la quiétude absolue, comment le désir peut-il naître ?
> Quand l'avidité ne naît pas, c'est l'état de quiétude absolue.

Cette quiétude est en fait une source d'énergie inépuisable, qui conduisit les anciens sages à se retirer dans les montagnes et à goûter non les simples joies champêtres, mais le calme béatifiant de leur propre esprit lavé de tout attachement vulgaire.

XIAZHOUTIAN : LA CIRCULATION DU PETIT CIEL

Les sages taoïstes ont développé une méthode qui exerce un contrôle sur la progression dans la voie naturelle. La *circulation microcosmique* permet à l'énergie de circuler et d'ouvrir deux méridiens essentiels connus par la médecine traditionnelle sous le nom de « merveilleux vaisseaux ». Ainsi, l'énergie vitale est affinée dans un processus qui implique le fonctionnement physiologique, émotionnel et spirituel. Cette véritable alchimie était connue par les anciens comme la préparation de l'élixir d'or. Selon les textes traditionnels, cette pratique procure des avantages, tant sur le plan physique que sur le plan psychologique.

La connaissance du paysage énergétique est une base indispensable à cette pratique. Du point de vue symbolique, la circulation microcosmique correspond à la première étape de l'alchimie interne consistant à transformer le Jing en Qi. L'étape suivante propose un autre niveau de purification que les anciens nommaient Yinger, *créer un enfant spirituel.*

Si l'on considère les milliers, voire les millions de personnes qui pratiquent aujourd'hui le Qigong, peu sont capables d'atteindre seulement le niveau de la petite circulation. Il ne suffit pas en effet d'avoir senti un jour le Qi circuler dans les deux méridiens Jen et Du, ni d'avoir reçu l'énergie d'un maître de Qigong pour que ce circuit soit ouvert au sens taoïste du terme.

La méthode utilisée pour développer l'orbite microcosmique est semblable à la préparation d'une cuisson de céréales. On utilise l'eau, la matière première, et un chaudron alchimique : le centre du Dantian.

Chen Po Duan décrit ces préparatifs en utilisant les images des trigrammes du Yijing représentant l'eau et le feu :

> Le corps et l'esprit sont divisés en deux pôles, le haut et le bas ; l'esprit et l'essence vitale sont les deux extrémités, l'été et l'hiver. Lorsque l'on réunit ainsi le corps et l'esprit, le Yin et le Yang, ils sont représentés par les trigrammes de l'eau et du feu.

L'alchimie interne commence lorsque la conscience se pose sur le centre que l'on nomme le « poêle en or » situé quelques centimètres derrière le nombril, au milieu de l'abdomen. L'ensemble de cette zone du Xia Dantian est parfois nommé le sanctuaire spirituel, dans l'intention de montrer son utilité dans le processus alchimique. Symboliquement, cette zone est associée au trigramme représentant l'eau dans le Yijing car elle se situe entre les deux reins. La conscience et sa capacité de concentration représentent le feu. Ainsi, par le feu de l'esprit, le liquide alchimique (le Jing) commence à bouillir et à produire de l'énergie en abondance.

L'adepte doit alors faire attention de ne pas se concentrer directement sur les reins, car il risquerait de provoquer une sorte d'assèchement interne. Nous notons ici la présence indispensable d'un maître dans ce processus de l'alchimie taoïste. On doit aussi s'assurer que ce maître a mis ce processus à l'épreuve du temps et que ses réalisations sont complètement accomplies.

Il existe de nombreuses façons de pratiquer la circulation microcosmique :

- avec l'aide de la respiration et de la visualisation ;
- grâce à des gestes spécifiques de connexion des énergies par les mains (sceaux) et les yeux ;
- par la concentration sur des points précis, pendant de longues rétentions de souffle ;
- à l'aide de la respiration dite inversée ;
- comme conséquence d'un travail méditatif naturel (voir le dernier chapitre).

Selon les écoles, on emploiera les méthodes douces (Tsangdao) ou fortes (Wangdao). Souvent, les méthodes les plus efficaces et les plus vissantes sont aussi les plus douces. Les méthodes fortes ont des résultats rapides mais des risques d'erreur plus marqués. Enfin, cette circulation microcosmique n'est qu'une forme de préparation, pas une fin en soi. Il faut enfin savoir que les méditations taoïstes les plus élevées ne considèrent pas cette méthode comme un point de départ indispensable ni nécessaire. Sur le plan de la santé, cette méthode peut cependant provoquer un certain équilibre des énergies Yin et Yang.

CHAPITRE 4

LE CŒUR DU TAO : S'ASSEOIR ET OUBLIER

MÉDITATION : CŒUR DE LA VOIE DU TAO

La méditation demeure, bien sûr, le cœur de la voie du Tao. Cependant ce terme, ambigu dans notre langue, évoque maladroitement l'essence de la pratique. En Occident, la méditation est souvent perçue comme le simple fait de s'asseoir et de placer une sorte de chape blanche devant sa conscience. En fait, la méditation devrait pouvoir atteindre et baigner la vie quotidienne. Le but de la méditation fondamentale taoïste, fruit du travail sur les canaux d'énergie, est finalement d'étendre la conscience. Cette ouverture provoque alors une nouvelle cohabitation avec des réalités normalement inaccessibles à la conscience ordinaire, mais ce résultat n'est pas l'objet principal de la méditation.

Le cœur de la voie taoïste est la méditation sur la vacuité. Ce travail essentiel est basé sur quatre idéogrammes employés par Lao Zi : le calme, le non-agir (Wu-Wei), la spontanéité, et l'existence et la mort.

Le calme et la quiétude prennent le contre-pied de la confusion et des pensées conceptuelles. L'eau pure surgie de la montagne, puis souillée lorsqu'elle atteint la vallée, est semblable à notre flot de pensées confuses.

Les anciens disaient :

> Il faut seulement ôter ce qui est source de désordre dans notre mental, mais conserver ce qui est source de lumière. La pratique consiste à remonter à la source de la conscience.

La voie consiste aussi à retrouver un état de spontanéité et de liberté, par rapport à nos habitudes physiques et mentales souvent nuisibles (causes des maladies psychosomatiques).

En pratique, le travail peut s'effectuer directement sur la vacuité ou sur les centres internes et le champ de cinabre. L'homme doit mourir, c'est une loi physiologique, mais il peut aussi atteindre la Longue Vie et la sérénité, raviver sa conscience et retrouver une fraîcheur d'esprit.

En fait, la concentration est la clé de la vacuité. Avant d'atteindre le grand vide de l'esprit cher aux bouddhistes et taoïstes, on doit donc réaliser l'alternance du vide et de la plénitude, de la concentration et de la détente. Un verset classique résume l'importance du développement de la concentration : *Fais de l'esprit un simple point.* On peut ainsi parvenir à l'éveil par soi-même.

Par exemple, les personnes qui sont le moins concentrées dans la vie sont aussi celles qui ont le plus de problèmes de sommeil.

LES QUATRE ÉCOLES CARDINALES

Pendant la dynastie des Tang et des Sung, le taoïsme spirituel s'est divisé en quatre branches symboliques. Chacune de ces écoles mettait l'accent sur le développement d'une pratique particulière visant à développer le Qi :

- L'école de l'Ouest demandait à engendrer une concentration sur le Dantian et sur un point situé en dehors du corps (le Dantian « externe »).

- L'école de l'Est insistait sur un point de concentration situé derrière le Dantian, entre les deux reins.
- L'école du Sud travaillait la concentration sur le « palais écarlate » situé dans la poitrine.
- L'école du Nord situait son attention en plein centre du Dantian.

Quelle que soit la méthode appliquée, les quatre écoles se basent toutes sur les quatre enseignements de Lao Zi : *le calme intérieur, le non-agir (wu-wei), l'attitude spontanéité, et l'existence et la mort.*

Pour toutes ces branches de la philosophie du Tao, deux points essentiels prévalaient :

- la mise en pratique, et surtout
- l'autorité de l'enseignement direct du maître accompli.

Le premier point implique l'étroite union entre la compréhension et la perception du Qi. Sans cette union du Shen et du Qi, la voie du Tao ne peut être qu'intellectuelle ou plus simplement incompréhensible.

Sans l'aide du maître l'expérience est possible, mais au-delà d'un certain point elle peut se révéler dangereuse ou délicate. Ce danger est en fait lié à la purification préalable des trois niveaux et à une motivation incorrecte. Un exemple de cette motivation incorrecte est la recherche des pouvoirs ou le simple désir de prolonger sa vie dans un but mondain.

Le point de départ de la voie du Tao part d'une constatation semblable à la voie du bouddhisme exprimée par le sage Gao Henian au XIXᵉ siècle :

> Le monde éphémère est comme une grande peur sans fondement, sans réalité durable. Les rumeurs et les élaborations intellectuelles ne peuvent remplacer une conviction sincère. Tout comme un buffle n'est pas conscient de sa grande force, l'homme ne voit pas s'écouler sa vie.

LES QUATRE PHASES ET LE RETOUR

Le commencement du Ciel antérieur est le commencement du non-commencement, le corps du non-corps. On peut symboliquement comparer cette étape au déroulement de la grossesse, au moment où la mère n'est pas encore enceinte, mais où elle a le potentiel pour le devenir. C'est une phase illimitée, riche en puissance. Il s'agit en fait de tout le potentiel spirituel porté par chaque être humain.

La seconde phase se nomme encore Ciel antérieur :

c'est le Taiji et la « non-naissance ». Les potentiels Yin et Yang sont déjà différenciés, mais ne sont pas visibles. La femme est enceinte, mais le bébé n'est pas encore né. Le corps d'énergie spirituelle est déjà constitué, mais le corps d'énergie fonctionnelle n'est pas encore en activité. Le grand médecin Li Zhi Zhen a dit :

> Les huit méridiens extraordinaires sont l'origine du Grand Tao et sont les représentants ancestraux du Qi primordial du Ciel antérieur.

Cette citation nous montre la relation entre l'énergie fonctionnelle vitale et l'énergie spirituelle du Ciel antérieur.

Le Yijing a représenté cette génération du Taiji selon le célèbre schéma du Wuji gravé sur les montagnes de Hua Shan.

LE VIDE ET LE PLEIN

La base et la pratique, tant sur le plan énergétique que spirituel, reposent sur l'expérience de la vacuité et de la plénitude. Cette expérience n'est pas proposée comme une simple compréhension intellectuelle, mais comme la réalisation d'une expérience concrète. Sur le fondement d'une pratique de concentration et de contemplation, le taoïste ressent en lui-même la différence entre l'activité et le non-agir (Wuwei).

Symboliquement cette étape est comparée au retour à la naïveté de l'enfance et représente une somme de potentiel en plein développement, riche de promesses de maturité. Il ne s'agit pas, bien sûr, de renverser l'horloge biologique et de redevenir de fait un enfant. Cette phase active le Qi et le sang (Xue), donc le Yang et le Yin. Cette mise en contact alchimique s'effectue par la pratique alternée de la concentration et de la détente.

Dans un texte apocryphe attribué à Lao Zi, celui-ci définit le Yin et le Yang par rapport à l'activité :

> Le Yang est le mouvement, le Yin le calme. De la naissance à l'enfance puis à la maturité et à la mort, toutes choses suivent leur cours…

Le processus de concentration du Yin et du Yang permet ainsi une découverte des énergies subtiles et un rafraîchissement de la conscience, semblable à la spontanéité de l'enfance. La loi biologique impose à l'homme de mourir. Dans un premier temps les sages taoïstes conseillent d'éviter la maladie, de rafraîchir la conscience et de prolonger la vie consciente. Ce point de vue, différent d'autres écoles asiatiques, a permis un développement des sciences de l'hygiène et de la santé, synthétisé dans la médecine chinoise qui est en fait le côté pragmatique de la voie du Tao.

LA VACUITÉ LUMINEUSE

Les pratiques de l'école du Sud reposent sur l'expérience de la vacuité (Kong). Pour y parvenir, les taoïstes prônent le non-agir, décrit comme une disponibilité consciente et éveillée. Ce Wuwei apporte le calme intérieur qui permet ensuite d'expérimenter la vacuité.

On se concentre ainsi sur les changements ou mutations du Yin et du Yang. Au début, le plus important est de développer la concentration. Sans cette concentration, point de relaxation possible ; on confond le jour et la nuit, le sommeil et l'éveil. Un proverbe chinois dit que les bûcherons sont rarement insomniaques. La journée, ils s'épuisent au labeur et ne peuvent donc confondre le jour et la nuit. Pour bien se relaxer, il faut avant tout être déjà capable de se concentrer.

Nombre de pratiques taoïstes commencent par ce

que l'on appelle la concentration sur le champ de cinabre du ventre. L'attention se porte sur un point situé au milieu du ventre, sous le nombril, on écoute sa respiration, tranquillement. Puis la conscience va alterner entre la concentration (le « plein ») et la disponibilité spacieuse (le « vide »).

Alors s'ouvrent les portes du non-faire, la non-assistance consciente et on reste dans l'état d'éveil appelé non-oubli par les sages du Tao.

Le vieux sage Lao Zi ajoute :

> Richesses, gloire et fortune sont comme de l'eau croupie.
> Voir à travers les illusions et pratiquer le chaudron précieux de la vacuité.
> Le chemin du Wuwei est celui de la vacuité.

La conscience de l'impermanence est ainsi présente pour inciter à la pratique sincère, comme l'exprime le sage Fan des monts Taishan :

> Lorsque l'être humain naît, sa sagesse n'est pas encore développée. La sagesse vient quand il devient vieux. L'esprit peut alors voir tous les phénomènes s'élever et s'éloigner sans ressentir la douleur de l'impermanence.

Puis le méditant va ensuite alterner entre le vide et le plein, passant du non-faire au non-oubli. Cette situation va provoquer le silence intérieur sans lequel toute découverte de soi est impossible. Le terme chinois *Song* implique cette totale relaxation qui va bien au-delà d'une considération psychosomatique : *la relaxation intérieure est la paix profonde.*

Vient alors la conscience de la vacuité : on est conscient d'être concentré ! Les maîtres disent qu'il est alors possible de continuer ainsi ce processus jusqu'au niveau qu'ils nomment : « le Grand vide de l'esprit ». Le traité du *Zhonge ji* décrit cette approche comme une nouvelle forme de communication :

> Le silence est un langage. Lorsqu'il existe un langage, le silence est présent de façon fondamentale. Le langage du silence est la formule secrète de l'alchimie.

Bien que se situant sur un niveau dialectique différent, cet éloge du silence est à confronter à la terminologie de la psychologie moderne prônant la verbalisation à outrance.

Avant d'y arriver, il existe de nombreuses étapes intermédiaires liées à la capacité de l'adepte. Le premier niveau consiste en la reconnaissance que seule l'expérience est. Ce niveau est souvent décrit dans les textes occidentaux comme « l'ici et maintenant ». Il faut cependant savoir que les maîtres taoïstes ne considèrent pas ce niveau comme le but du chemin, mais comme une simple étape pour faire cesser les distorsions de l'intellect.

Ce simple travail du vide et du plein qui est la base de l'école du Sud peut aussi se comprendre selon l'allégorie des « Trois origines » :

- l'origine du ciel ;
- l'origine de la terre ;
- l'origine de l'homme.

Ces trois origines sont représentées dans le Yijing par les trois traits du trigramme de base.

LES TROIS ORIGINES

Dans cette première étape, la concentration (le « plein ») est le point principal. L'action et la concentration vont alterner avec la pratique de la concentration. L'adepte se servira des points cruciaux de Lao Zi.

Le « calme et la quiétude » sont le point de départ de cette recherche. En fait, cette quiétude taoïste est reliée à la notion de pureté. Cette pureté n'a rien à voir avec la conception judéo-chrétienne du mot : il s'agit d'une absence de pensées conflictuelles engendrant la confusion. On comparera cet état de l'esprit au torrent qui surgit de la montagne, non encore souillé par les boues et détritus des plaines habitées. C'est un état d'espace et de virginité de la conscience au sein duquel l'expérience peut se manifester.

La pureté, dans le sens taoïste, est donc un état libre de toute illusion, au-delà du moi, du ciel et de la terre. L'impureté est la voie mondaine attachée par l'illusion des désirs sans fin. Citons le *Traité de l'Immortel d'Or* :

> L'énergie qui se met en mouvement lorsque l'on atteint la quiétude est l'énergie ancestrale (Yuanqi). Lorsque le Yuanqi bouge, le Jing croît. À ce moment on observe sa propre nature. Tout en restant calme, on guide alors le Jing au Dantian et on crée la perle alchimique (dan).

Lorsque l'homme vit, il ne peut éviter les contacts avec le monde, donc avec des pensées et des sentiments qui se produisent de façon perpétuelle. Pour les taoïstes, ce genre de pensées mondaines engendre l'impureté de la conscience, la perte de l'état originel.

En aucun cas cet état originel n'est semblable à une paresse hédonique, une torpeur béate, car le non-oubli est là pour éveiller chaque pas sur la voie du Tao.

La pratique de la quiétude consiste à remonter à la source de la conscience par la méditation : les yeux, les oreilles et les cinq sens, lorsqu'ils ne sont pas en contact avec le monde, ne déclenchent pas de mémoire dans le cœur conscient (Xin). Confucius (Kong Zi) disait lui aussi :

> Lorsque les désirs s'amoindrissent, la voie du Ciel est alors ouverte.

Méditation des « pêches du bonheur »

On adopte une position détendue : assise ou couchée. La position couchée, si elle semble a priori plus facile, a l'inconvénient d'induire le sommeil ou la torpeur chez la plupart des débutants. La position assise peut être adoptée de façon non formelle en mettant l'accent cependant sur quelques points essentiels : le dos droit sans raideur, la tête comme suspendue et les épaules relâchées. Il importe peu, dans cette étape, d'avoir les jambes croisées selon une position classique ou d'être simplement assis sur une chaise.

- *Les mains sont alors posées à plat sur l'abdomen au niveau du Xia Dantian, juste sous le nombril, l'une sur l'autre.*
- *Pour provoquer un peu de chaleur, il est souhaitable de se frotter les mains avant de les poser à plat sur le ventre.*
- *On prend, au niveau du visage, un air réjoui, serein et épanoui.*
- *Les yeux sont presque fermés, mais les paupières laissent passer un peu de lumière. Le regard est cependant dirigé dans la direction du bout du nez. Cette position oculaire*

se nomme regarder « vers la cour ». Au début, on doit sentir une sorte de tension et il semblera que les yeux louchent. Graduellement, on s'habituera à ce regard qui deviendra plus familier ; alors les muscles des yeux se détendront et l'on arrivera à « regarder sans regarder ».

- *La langue est souvent utilisée dans les méthodes taoïstes comme une sorte de connecteur entre la racine des dents et la gorge. Dans cette étape, rien de cela, la langue repose tout simplement dans la bouche.*

Après ces préliminaires, on abordera l'essence de l'exercice : on va se mettre à compter intérieurement en commençant par les chiffres 1, 2, 3, 4 qui seront répétés ad libitum : 1, 2, 3, 4, 1, 2, 3, 4... Il est ici évident qu'un Chinois comptera dans sa langue et nous dans la nôtre, ce point de détail n'a aucune influence sur le résultat de l'exercice.

Ces sons sont lus intérieurement, comme si l'on entendait une voix extérieure nous les dicter.

Un point important doit être souligné : la respiration est complètement libre et indépendante de cette manière de compter. Par exemple le chiffre 1 est indépendant de l'inspiration et le chiffre 2 ne sera pas forcément « lu » sur l'expiration. Au début, on devra éviter de se polariser sur ce point, car trop de concentration amènera l'effet inverse et les chiffres se placeront sur les respirations. En fait il ne faut pas non plus placer la totalité de sa conscience de perception sur ces sons. Les taoïstes conseillent de laisser toujours une part d'espace dans les concentrations. Nous avons déjà évoqué plus haut le wu wei, attitude qui consiste à introduire de l'espace libre dans l'action. Cette méthode est une bonne occasion de s'y entraîner. La respiration n'est donc pas synchronisée sur le comptage.

La respiration naturelle est l'une des clés de la pratique du Tao. Le Traité de l'Immortel d'Or *précise :*

La voie du Tao et la respiration ont une relation importante. Mais l'on ne parle pas ici de la respiration ordinaire. Nous parlons de la respiration interne qui condense le Qi ancestral en une perle alchimique. Avec la pratique, la conscience et le Qi se combinent harmonieusement.

La tradition taoïste nous dit que « les dix mille sons ne sont qu'un en essence », ainsi on va se mettre à compter jusqu'à quatre et recommencer indéfiniment, comme si l'on avait devant soi toute l'éternité. Cette éternité aura cependant un terme, car il est préférable de ne pas dépasser vingt minutes de pratique pendant le premier mois. Le temps minimum de la pratique est fixé à dix minutes environ, sinon l'effet sera insuffisant.

Les maîtres ont noté les effets suivants : la paume des mains devient chaude ou très chaude, une sensation de chaleur tiède va gagner tout le corps, un apaisement mental va pénétrer l'esprit et les pensées deviennent légères.

Au bout d'un mois on passera à la seconde étape, qui sera le sujet du chapitre suivant.

CHAPITRE 5

WUJI : VACUITÉ LUMINEUSE

NON-AGIR ET LIBERTÉ

De nombreux mouvements involontaires existent au sein du corps humain : le cœur en est l'exemple type. L'action, elle, se conforme au monde objectif, conditionné par notre pensée. Le non-agir existe sans conditionnement. Pour se libérer de nos engrammes négatifs au niveau de notre corps et de notre pensée, les taoïstes proposent la pratique de la méditation et de la contemplation.

Chaque fois que nous décidons d'agir, et malgré une impression de liberté, nous sommes conditionnés par le poids de nos mémoires et de nos désirs. Par exemple si l'on décide de prendre des vacances au soleil, nous pouvons avoir un court instant l'impression d'agir en toute liberté. En fait, si nous examinons nos motivations, nous nous apercevons que notre action est conditionnée par différents points de vue subjectifs : notre fatigue et notre stress, notre désir de connaître un pays de plus, notre soif de rencontres pour briser notre solitude, la mode qui impose cette destination comme une obligation, etc. Nous voyons ainsi que notre acte est loin d'être libéré, et qu'il est soumis à maints conditionnements. Ce que nous appelons liberté d'agir ressemble souvent à une prison dorée.

La pratique du non-agir (Wuwei) consiste donc à retrouver cet état au sein même de notre être organique et mental.

Le taoïste contemporain Gu Yang Zi précise ce point :

> Ne pas rechercher d'ouverture, ne pas réguler son souffle, rester terriblement vide et silencieux, ne pas donner naissance à une simple pensée : c'est pratiquer la plus haute des méditations.

CONNAISSANCE ET LIBERTÉ

La connaissance est l'acte qui implique l'interaction de différentes facultés : l'attention, la mémoire, la perception, la créativité, l'analyse et enfin l'usage d'un langage pour l'exprimer.

Dans le domaine de la psychologie occidentale, la doctrine du béhaviorisme, qui implique que la connaissance ne peut avancer qu'avec le progrès scientifique, a limité l'étude des phénomènes les plus élevés de la conscience. À partir des années 70, la psychologie cognitive a enlevé cette barrière rationaliste en permettant l'expérimentation psychologique sans limitation doctrinale. Un tabou très cartésien était enfin levé.

Selon ce nouveau protocole de recherche, on considère que la connaissance peut être acquise et redistribuée de nombreuses manières.

Bien que cette science nouvelle ne permette pas d'appréhender directement les mécanismes neurophysiologiques du cerveau, elle permet cependant de comprendre comment les taoïstes ont pu explorer des zones de la conscience qui nous sont inconnues, sans l'aide de la science. On peut par exemple savoir utiliser un ordinateur sans connaître l'électronique, et sans savoir comment les micro-courants agissent au cœur de la machine.

En particulier George Sperling a montré que l'homme utilise dans sa faculté cognitive de nombreux symboles qu'il appelle des icônes *(iconic memory)*. Cette accession à la connaissance n'est pas sans rappeler la manière dont les taoïstes utilisent les symboles. Pour eux, les symboles sont l'expression synthétique et intuitive d'une connaissance plus vaste et subtile.

Une autre constatation de cette manière de pratiquer l'investigation de la connaissance est la découverte de mémoires verbales de faible durée. En bref, les mots sont vite oubliés alors que les symboles portent leur message de génération en génération. Il semble même que la verbalisation puisse être un frein à la connaissance comme le signifiait déjà le sage Lao Zi :

> Le Tao que l'on peut décrire n'est pas le Tao.

Lorsque nous examinons la façon dont les taoïstes consignaient leurs connaissances, en particulier dans le domaine de l'énergétique médicale, nous nous apercevons qu'ils employaient des schémas symboliques. Le plus connu est certainement le cycle des cinq phases, en partie gommé par la médecine traditionnelle chinoise rationaliste. Or la reconnaissance de schémas *(pattern recognition)* est, selon la psychologie cognitive, l'un des meilleurs moyens de conserver une connaissance à long terme.

SPONTANÉITÉ ET NATURE ORIGINELLE

Les taoïstes sont convaincus que la spontanéité naturelle n'est pas une caractéristique du comportement humain habituel, empreint de conventions sociales, religieuses et familiales. En fait, tous les êtres sont soumis à des lois précises. Le retour vers la spontanéité peut être considéré comme la recherche d'un état de conscience sans idée préconçue. Cette fraîcheur est naturellement libre de pensées néfastes pour notre vie. Nous entretenons souvent des pensées mélancoliques ou même morbides, par simple habitude. Nous nous complaisons dans des états de conscience étroits et tristes. Parfois, nous revendiquons cette manière d'être avec véhémence : nous avons le « droit » d'être malheureux ou d'exprimer notre colère.

Cette sorte de spontanéité est donc bien limitée et ne s'applique qu'au comportement. Il faut donc aller chercher bien plus loin, à l'origine même de ce comportement pour voir s'il n'existe pas une source d'expression moins conditionnée.

Cette source, c'est la spontanéité de notre nature profonde. Là encore, la pratique de la méditation s'avère nécessaire.

Lao Zi a dit :

> La nature originelle peut induire toutes les expériences. La nature originelle est l'essence de la bonté spontanée. Être naturel dans ses actes c'est être toujours pur et calme.

On peut en conclure qu'agir spontanément, c'est agir en adéquation avec la situation présente en toute sincérité, sans malice. Cette spontanéité semble proche de ce que l'on nomme l'intuition profonde. D'un point de vue énergétique, il semble que, sans les qualités du non-agir et de la spontanéité, il soit difficile d'ouvrir les canaux de l'énergie comme le dit le proverbe : on ne fait pas pousser l'herbe en tirant dessus !

PRATIQUE DE L'ORIGINE

La première phase de la méditation taoïste de l'école du Sud (voir chapitre précédent) a un effet positif sur la santé. La tradition dit qu'elle est suffisante pour maintenir l'état de bonne santé, prévenir les maladies et nourrir l'esprit (le Shen). En cela, nous retrouvons le passage obligé par le corps, lieu alchimique de la transformation. Ce point de vue est en accord avec le processus alchimique taoïste de transformation des trois étapes.

L'expression « nourrir l'esprit » demande quelques précisions. Le Shen ou conscience est le miroir conscient des activités physiques, énergétiques et spirituelles. L'équilibre du Shen est un élément important de la médecine chinoise. Sans cette harmonie de l'esprit, la relation entre le corps et l'énergie vitale est interrompue et des maladies « internes » peuvent apparaître. De plus, selon la conception taoïste, un Shen perturbé rend difficile la pratique spirituelle et même le simple maintien de la vie.

Le traité médical ancien du *Sowen* ajoute :

> Lorsque l'énergie du Shen est abondante, la joie est présente ; lorsqu'elle est insuffisante, tout est terne et triste.

Le Qi et le Shen, l'énergie et la conscience, sont tellement liés qu'il est possible de léser cette dernière par une pratique incorrecte de l'acupuncture. Un autre passage du *Sowen* précise :

> Retirez l'aiguille seulement quand le patient inhale, ainsi le Shen et le Qi resteront calmement dans le corps.

D'un point de vue quotidien, on peut se poser la question : pourquoi notre esprit est-il si faible, si inconstant ? Selon les taoïstes, le Shen s'affaiblit si l'on suit sans discrimination la voie de l'attachement aux objets de désir. Nous sommes donc loin ici d'une interprétation laxiste de la notion de non-agir.

Le traité du *Huainanzi* résume ce point de vue :

> Lorsque l'on use sa conscience, jour après jour, elle s'éloigne de plus en plus. Elle s'attache à l'objet de désir et elle est incapable de revenir au centre de l'homme.

Il semble aussi qu'à ce niveau l'énergie de la conscience soit à l'écoute des autres énergies du corps. Le *Taiping Jingchao* précise :

> Les énergies du corps circulent autour du corps, en dessous et au-dessus. L'essence de la conscience utilise ces énergies pour entrer dans le corps et le quitter. Lorsque ces énergies sont épuisées, l'esprit se disperse et s'éloigne. Comme un poisson périt lorsque l'eau est asséchée.

La façon de retenir la conscience consiste, comme nous l'avons vu plus haut, à ne pas l'user par de sempiternelles pensées conflictuelles et à la laisser dans son état brut pure et naturelle.

Il existe de nombreuses méthodes pour diagnostiquer l'état du Shen dans la médecine chinoise. Cependant, les thérapeutes taoïstes considèrent qu'un point est vraiment important : la radiance d'un être. Cette radiance est parfois présentée comme une aura, mot un peu galvaudé. On ne peut l'appréhender par des moyens objectifs et rationnels, et cependant elle est décrite par nombre de textes classiques taoïstes et médicaux, et le *Xinshu* :

> La nature intérieure est là où le Shen et le Qi se réunissent. Lorsque la nature intérieure est parfaite, l'énergie du Shen irradie avec luminosité à l'extérieur du corps.

L'ÉCLOSION DES TROIS FLEURS

Dans un premier temps cette quiétude envahit le centre abdominal et l'essence vitale, le précieux Jing coule librement.

Ensuite, ce calme pénètre le centre médian et le Qi coule à flots.

Puis enfin la quiétude entre dans le centre du crâne, l'énergie spirituelle est réveillée.

Ce processus d'alchimie intérieure fut souvent décrit par les taoïstes par l'allégorie des trois fleurs : la fleur de plomb du ventre se transforme en une fleur d'argent (l'énergie du vif-argent), puis en une *fleur spirituelle d'or.*

Cette fleur d'or sera ainsi à la fois un symbole et un puissant moyen de visualiser les forces subtiles de l'univers.

BALBUTIEMENTS SUR LA VOIE DU TAO

Les premiers exercices méditatifs d'approche de la voie du Tao sont en général simples et visent à établir correctement cette même simplicité. On décrit souvent dans les livres d'exégèse occidentaux les méditations taoïstes comme de longues pratiques de visualisation sur des symboles ou déités complexes et exotiques. C'est un peu comme si l'on décrivait la physique comme étant seulement au niveau de la théorie d'Einstein, quasi inaccessible au commun des mortels. Il s'agit peut-être pour les sinologues de démontrer ainsi combien ils sont érudits, mais cela contribue aussi à donner une fausse idée de l'enseignement de la voie du Tao. Rappelons-nous les stances de Lao Zi au sujet de l'impossibilité de discuter du Tao avec des mots.

Il est utile de savoir que, même en Chine, le nom de cette méthode a varié sans que l'essentiel en soit affecté. Le long de l'histoire des dynasties les caractères calligraphiés changent, mais le principe reste le même :

Ching Tsuo : S'asseoir en paix.

Tou Na : Inspirer et expirer naturellement.

Lian Qi : Mouvoir l'énergie.

Nei-Gong : Transformer l'interne.

La base de l'enseignement taoïste repose, comme nous l'avons souligné, sur le cycle de la Longue Vie. L'approche s'appuie dès le début sur l'énergétique et la relation étroite qui existe entre le corps et la conscience. La meilleure façon de rendre cette relation consciente consiste à commencer par la pratique de la concentration.

D'un point de vue historique, les taoïstes ont développé plusieurs systèmes de méditation aux noms semblables, mais aux pratiques de concentration différentes :

- observer l'intérieur ;
- se centrer sur l'unité ;
- se focaliser sur le centre ;

- retrouver l'esprit originel ;
- se concentrer sur les portes de Jade ;
- arrêter les pensées et vider l'esprit ;
- unifier l'esprit et le souffle.

Le point commun de ces méthodes est l'utilisation de la concentration pour atteindre enfin la contemplation naturelle.

Bien que ce livre n'ait pas pour objectif l'enseignement pratique de la voie du Tao, il nous a paru indispensable d'introduire le lecteur aux méthodes de base de cette voie. Il en retirera une illustration pratique de l'approche du Tao et sûrement un bienfait direct sur le corps et l'esprit.

DÉVELOPPEMENT DE LA CONCENTRATION

Le comportement, ou Shen gong, est l'entraînement qui consiste à adopter une attitude correcte dès le début de la pratique. Par exemple dans l'art du Qigong, on reçoit certains préceptes sur la posture, le souffle et la visualisation. Parfois, on demande à l'adepte de s'abstenir de telle ou telle nourriture et d'adopter une certaine hygiène de vie.

Dans la voie préliminaire de la concentration, il est

simplement demandé d'éviter le tabac, l'alcool et toute substance provoquant l'excitation ou l'endormissement cérébral.

On devrait aussi, au moins passagèrement, purifier son esprit des désirs mondains et mettre de côté les pensées conflictuelles : soucis, stress, inquiétudes, etc.

Dans cette pratique de la concentration, on travaillera le premier « mot » de Lao Zi : la quiétude. On dit alors que le cœur, le Xin, est pur, au sens où nous l'avons établi précédemment.

Lao Zi a dit encore :

> Vider son cœur et remplir son ventre.

On aura compris ici qu'il ne s'agit pas de remplir le ventre de nourriture, mais de Qi. Pour un débutant dans la voie du Tao, les erreurs ou « déviations » viennent souvent de ce que l'esprit et le souffle ne sont pas purifiés. Il est souvent difficile, en fait, dès le début, de bien contrôler l'un et l'autre, les erreurs semblent donc presque inévitables. Par exemple les pensées s'enchaînent sans fin, comment alors être sûr que le souffle n'est pas dispersé ? Par ailleurs si la respiration est laborieuse, tendue ou trop ralentie, comment l'esprit peut-il être calme et détaché ?

La pratique même de la concentration vise donc à apprendre à éviter ces erreurs et à développer une grande relaxation, en profondeur, pour le corps et l'esprit.

Pour ce faire, on utilisera progressivement les trois exercices suivants :

- la prononciation mentale de mots ;
- la concentration sur un point extérieur au corps ;
- la concentration sur le Wuji ou vide.

Bien que cette simple pratique de la concentration soit vraiment un exercice préliminaire de la voie du Tao, il n'en est pas moins une première étape difficile à maîtriser. D'un point de vue extérieur à la voie taoïste, cet exercice peut apporter un grand bienfait sur le plan de la concentration appliquée à la vie quotidienne. De plus, le temps passé à cet entraînement sera une véritable oasis de calme au sein des activités frénétiques. Selon la tradition taoïste, ce simple travail de concentration permet d'atteindre un premier niveau de calme mental et d'ouvrir les trois barrières énergétiques du méridien Du.

J'ai déjà décrit la signification de ces trois barrières.

La première est située au niveau du sacrum, elle correspond à nos peurs profondes et à notre instinct de survie. La seconde, au niveau des vertèbres dorsales, correspond aux blocages dus au « cheval sauvage » des émotions erratiques et conflictuelles. La dernière, située au niveau des vertèbres cervicales, reflète notre difficulté à nous ouvrir aux énergies les plus subtiles et à ouvrir notre esprit aux vagues de l'intuition. En bref, ces trois barrières sont autant de challenges à notre conception étriquée du monde.

LES SIX OBSTACLES

Sous l'appellation cavalière de « six voleurs », les taoïstes désignent les obstacles à l'accomplissement de la concentration et de la quiétude : les yeux, les oreilles, le nez, la langue, le corps et l'intellect. Le vieux maître Lao Zi s'y réfère lorsqu'il demande de fermer les cinq organes des sens. Il ne s'agit pas ici d'une incitation à l'ascèse dans la vie quotidienne, mais d'une simple mise en garde à ne pas confondre le quotidien et le moment privilégié de la méditation. La source de tout est implicitement désignée : l'attachement aux objets immédiats.

Cet attachement peut prendre dans notre monde moderne des formes plus subtiles, il n'en reste pas moins une recherche effrénée de sensations, qu'elles soient physiques, émotionnelles ou intellectuelles.

La médecine traditionnelle chinoise par la voie du traité du *Neijing* décrit de façon précise l'action des émotions conflictuelles et des comportements aberrants sur les organes majeurs du corps :

> L'anxiété et le chagrin, les pensées et les soucis nuisent au cœur ; laisser le corps au froid et boire des boissons froides nuit aux poumons ; la haine et la colère, en contrariant le flux du Qi, le font monter et nuisent au foie ; manger et boire sans mesure, le stress et la fatigue nuisent à la rate ; vivre longtemps dans un endroit humide, s'épuiser physiquement, se baigner trop souvent nuit aux reins...

Le rôle du cœur est ici mis en évidence, et le nom de cet organe sera mis en avant de nombreuses fois dans les textes taoïstes et ce, sous la forme de différents idéogrammes ayant chacun un sens particulier. Du point de vue de l'art médical taoïste, le cœur est l'organe principal, en connexion directe avec la conscience (Shen). On lui attribue le bon fonctionnement de qualités, telles la sagesse, l'intelligence, l'habileté. Les thérapeutes taoïstes considèrent que pour « nourrir le cœur » il n'y a rien de mieux que de restreindre ses désirs et de calmer le flot continuel des pensées. L'abondance de désirs ne peut qu'engendrer une augmentation de frustrations et de soucis. Un commentateur du Neijing va même jusqu'à affirmer :

> Cœur et cerveau sont identiques du point de vue énergétique ; le cœur commande les pensées.

Si ce langage peut nous sembler confus, il faut se souvenir que la médecine taoïste considère l'homme dans son essence énergétique et que, de ce point de vue, nombre de civilisations traditionnelles ont associé le fonctionnement du cœur à celui de l'esprit. Prenons l'exemple trivial de crises cardiaques, déclenchées par une émotion incontrôlable, joyeuse ou effrayante.

ÉLOGE DE LA CONCENTRATION

Selon les anciens taoïstes, la concentration est la clé de la voie naturelle du Tao et de l'équilibre mental et émotionnel. En fait, cette faculté de concentration est intimement liée à l'énergie de type Yang. Un proverbe taoïste dit : *l'origine du Yang est dans l'esprit.* Cependant, ce pouvoir de la concentration doit être tempéré par le calme intérieur et la force vitale comme le note le *Traité de l'Immortel d'Or* :

> La puissance de l'énergie Yang se disperse si tu n'arrives pas à travailler la force vitale (Jing) correctement.

Les soucis et le stress font naître des obstacles dans la conscience. La frustration et le désir sont des obstacles directs sur la voie naturelle, cependant un adage taoïste dit : « Une méthode… un obstacle. » Aussi ceux qui pratiquent doivent-ils se méfier des *sept émotions et des six passions.* Lorsque la conscience est libre de ces émotions conflictuelles, on peut rentrer facilement dans l'état de « réunion » et d'absorption. L'énergie vitale est alors unifiée et se mêle à la conscience. Lorsque le Qi est unifié, le Jing augmente et le métabolisme est ainsi renforcé.

Des signes indiquent ce progrès : une augmentation de la salive qui peut alors être considérée comme une médecine chargée de vitalité, l'appétit est régulier et le sommeil profond et reposant.

Les anciens sages du Tao disaient :

> Il faut donc éliminer ce qui est source de désordre dans le mental, mais pas ce qui est source de lumière.

D'autres maîtres taoïstes considèrent que la concentration est l'union du Qi et du Jing. Le Shen, la conscience spirituelle, doit donc rester dans les limites du corps et ne pas s'évader, au début de la voie dans les rêves de l'illusion. Si l'on ne trouve pas la concentration nécessaire, l'exercice n'aboutira pas. Si l'on est trop tendu, il n'aboutira pas non plus. Si l'esprit vagabonde et rêve, l'exercice échouera.

L'école du Sud précise que ce seul exercice est suffisant pour entrer dans la voie du Tao, cependant quelques exercices physiques supplémentaires ne peuvent pas nuire. La pratique excessive de cette méditation peut épuiser, un autre proverbe dit que l'on ne fait pas pousser l'herbe en tirant dessus. Une autre qualité demandée est la patience qui permet d'éviter d'attendre des résultats dans l'anxiété.

Si l'on réussit sur cette base, alors on est prêt pour d'autres pratiques dans cette tradition ou dans une autre. Cette simple pratique relaxe en profondeur, affine la concentration et développe l'équilibre intérieur. En particulier, le jeu épuisant des émotions conflictuelles est calmé.

D'autres signes plus physiques indiquent la progression :

- sensation de chaleur dans le ventre et dans tout le corps ;
- sensation de perception des souffles en action dans le corps ;
- amélioration ou régularisation de l'appétit ;
- selles et élimination plus régulières ;
- sommeil régulier et profond ;
- sensation d'expansion pour ceux qui pratiquent depuis plus de deux mois.

Cette méthode est donc suffisante pour aborder la voie du Tao, elle peut ainsi être pratiquée, selon l'école du Sud, pendant des mois voire des années avec de grands bénéfices pour le Qi et l'esprit. Combinés au Taiji quan ou à une autre discipline physique, ils forment un ensemble complet et agréable.

Pour aller au-delà de ce travail, un maître de l'enseignement oral est nécessaire, car les développements ultérieurs approchent le domaine de la vacuité et demandent une indispensable épuration de l'esprit avant d'être abordés. Les exercices suivants, connus sous le nom de « pêches du bonheur », abordent la méditation et la contemplation taoïste la plus profonde.

Pratique

Les pêches du bonheur (seconde partie)

Cette seconde étape de la méditation des « pêches du bonheur » va permettre au pratiquant d'aborder « la concentration sans concentration » et de comprendre ce paradoxe apparent.

Par la pensée, on se concentre sur un champ de Qi situé à l'extérieur du corps connu des taoïstes sous le nom de champ de cinabre extérieur. Pendant que la conscience sensorielle est fixée sur ce point, on pratique la méthode précédente des sons comptés.

Cette concentration est en fait détendue et doit laisser une impression d'aisance. Si la concentration obstrue le reste des sensations et perceptions, on peut alors dire que l'effort est trop grand et que l'on n'arrivera pas au résultat souhaité.

Le point extérieur du champ de cinabre est donc situé dans l'espace devant le corps, au niveau du nombril, à la distance approximative d'une longueur de main. Les taoïstes demandent que ce point soit senti et trouvé avec l'aide de la vue intérieure, l'intuition.

On se concentre ainsi sur ce point externe, aussi longtemps que l'on peut le faire sans provoquer ni tension ni ennui. Cette pratique doit être raffinée pendant un mois environ avant de passer à l'étape suivante.

Celle-ci consiste à se concentrer de la même manière sur le véritable champ de cinabre, que l'école du Sud place au milieu de l'abdomen entre le nombril et le point Ming men dans le dos. Ce point n'est pas situé exactement au centre du corps mais un peu en retrait vers l'arrière, près des reins. Là encore l'intuition et la sensation sont la meilleure aide.

On se concentre donc sur le point externe pour commencer (Wei Dantian), *puis on amène doucement la conscience sur ce point interne tandis que l'on pratique la méthode des nombres comptés. (Voir le chapitre précédent.)*

Ce travail doit être poursuivi encore trois mois complets. Après ces trois mois de pratique, il sera possible à l'élève de se concentrer directement sur le Xia Dantian de l'abdomen.

Clore l'exercice en se relaxant quelques instants sans vraiment se concentrer, mais en gardant toute sa lucidité dans une optique de calme intérieur.

Pendant toute cette période de début, des erreurs peuvent survenir dans la pratique, elles sont même inévitables. On doit alors les corriger aussitôt en arrêtant la concentration sur le Dantian interne et en passant quelques jours en ne travaillant que le Dantian externe.

Cette concentration externe diminue la pression du Qi interne et évite des symptômes secondaires désagréables : sensation de bouffées de chaleur, difficulté à trouver la respiration naturelle, tension.

Une pratique par jour est suffisante (par exemple le matin au lever ou éventuellement avant le coucher). L'excès n'est pas la voie.

PRÉCIEUSES PAROLES DES SAGES DU DRAGON

Le sage Chen des monts Wangshou

Un bassin est vite rempli par les pluies, mais le cœur d'un homme est plus difficile à combler.

Huainan Zi

Il existe des myriades de choses à voir, à découvrir, à sentir dans des pays enchanteurs et lointains, quantité de choses bizarres et curieuses qui peuvent complètement déstabiliser votre esprit et perturber la circulation de votre énergie.

Zhuang Zi

Le Tao ne peut être entendu, ce que l'on entend n'est certes pas le Tao.

Le Tao ne peut être vu, ce que l'on voit n'est certes pas le Tao.

Le Tao ne peut être décrit, ce que l'on décrit n'est certes pas le Tao.

Ce qui donne forme au sans-forme est lui-même sans forme.

Wen Zi

Les gens sages apprennent sur un pied qui n'est jamais déstabilisé, ils empruntent une route qui n'est jamais obstruée et s'abreuvent à une source qui n'est jamais asséchée, ils suivent un maître qui ne meurt jamais. Les calamités, la gloire, la fortune et les désastres ne les perturbent pas.

Proverbe bouddhiste chinois

L'herbe souple craint le givre, le givre craint le soleil. De même, les gens mal intentionnés craignent d'autres personnes mal intentionnées.

Un moine du temple Zhantan

Lorsque nous prenons le temps d'examiner nos vies dans l'état de tranquillité de l'esprit, nous pouvons découvrir la nature de notre activité... Un seul jour de claire méditation fait de nous un immortel.

Un moine bouddhiste sur le mont Wutai

La formule médicinale la plus puissante ne peut guérir notre karma.

Canon taoïste

Ne ressens pas de haine envers les autres ni envers toi-même. Cherche et améliore les qualités des autres et les tiennes. Ne te réjouis pas des infortunes des autres. Regarde leur santé et leur joie comme les fruits de ton travail intérieur et l'idéal du bien-être de l'univers. Ne sois pas dépendant, prends tes responsabilités et développe ta force et ta maturité. Ne combats pas pour la gloire et la fortune, sois content d'une vie simple et intégrale.

Un anonyme

Une météorite peut brûler une forêt entière. Une demi-vérité peut tuer un être humain.

Lie Zi

Un homme pauvre décida un jour qu'il serait riche, ainsi il mit son chapeau et son vêtement et se dirigea vers la ville.

Tandis qu'il traversait la ville en se demandant comment il ferait pour accumuler une fortune, son regard se posa sur un homme qui transportait de l'or.

Il accourut et s'empara prestement du magot au vu et su de tous les passants. Il fut attrapé aussitôt et conduit devant le juge.

« Comment pouviez-vous espérer sortir de la ville avec tous ces témoins autour de vous ? demanda le magistrat.

– Je ne voyais que l'or et non les gens », expliqua le pauvre homme.

Lu Don Bin

Si vous voulez fouler le chemin du Tao, vous devez considérer les trois trésors. Sans ces trois-là, vous ne pourrez vivre longtemps et vous ne pourrez atteindre votre réalisation en si peu de temps.

Chen Po Duan

Il est de fait que les doctrines (taoïsme, bouddhisme, confucianisme) sont au nombre de trois, mais la voie, elle, est unique.

Qian Long, l'empereur taoïste

Lève-toi tôt et trouve un endroit bien aéré. Inspire profondément le Qi nourricier et expire l'air vicié.

Utilise les plantes médicinales pour retrouver ton énergie ancestrale.

Liu Daozhang, principal contemporain du monastère Tai Qin Gong

Là où il y a un arbre, la félicité est présente.

Prière taoïste

Mon énergie purifiée de Jade et d'or se connecte avec les énergies les plus subtiles de l'univers et invite la noble lumière pourpre à envelopper l'autel de mon corps.

Avec mon souffle Yang, j'étends ma protection à tous les êtres dans toutes les directions pour réaliser ma nature ori-

ginelle. J'utilise toute ma force pour que cette noble intention soit réalisée.

Le Taiji commence dans l'unité et contient mon Jing et mon Shen.

Yi Zi Yang, mon maître taoïste

L'essence de la voie taoïste n'est pas dans les pratiques alchimiques énergétiques, mais dans l'approche de wuji, le vide parfait.

Wen Zi

La naissance des mondes représente la nature en action, leur mort est la transformation de toute chose.

Lao Zi

J'observe, mais je ne vois pas. J'écoute, mais je n'entends pas.

Le « Traité de l'Immortel d'Or »

Avant tout, on doit étudier sa propre nature et comprendre pureté et impureté. Lorsque l'essence vitale surgit, on doit l'explorer et la conserver.

Le classique taoïste Yinfu

Les gens utilisent seulement leur conscience pour penser. Ils ignorent ce qui transcende la pensée et ce qui crée la pensée.

Un moine taoïste de l'école Quan Zhen

Nous pratiquons le Wuwei (l'inverse de l'action accomplie avec malice et intéressement) parce que nous sommes attentionnés. Le Wuwei est l'expression de notre compassion et de notre vertu.

Le maître An

Si l'on pratique le Tao, on doit amener la moralité et des qualités humaines, sinon cela ne marchera pas.

Lao Zi (apocryphe)

Il n'y a pas de soi, seuls les gens ordinaires pensent que le soi existe ! Pour un être éveillé, les êtres ordinaires n'appartiennent pas au monde qu'ils croient réel. Les êtres ordinaires comme les immortels, les éveillés comme les ignorants, tous ont la même nature originelle qui les mène sur la voie subtile.

Le supérieur d'un monastère taoïste

À quoi reconnaît-on un bon pratiquant du Tao : il est satisfait du peu qu'il a !

Conseils taoïstes

En te lavant, peux-tu voir ton véritable visage ?
En urinant, peux-tu reconnaître la pureté essentielle ?
En marchant, sens-tu le mouvement des astres ?
Te sers-tu de la souffrance pour progresser ?
Confronté à la mort, es-tu courageux et lucide ?
Dans le conflit, cherches-tu l'harmonie ?
En élevant tes enfants, es-tu tendre mais ferme ?
En t'endormant, connais-tu le vide parfait ?

Adage taoïste

Cultiver la conscience et retourner à la vacuité.

Lao Zi dans le « Huahu Jing »

Lorsque l'on ne fait pas de différence entre soi et les autres, ni entre la vie et la mort, alors chaque moment et chaque action sont l'expression de la vérité libre sans servitude.

GLOSSAIRE

Ba duan jin : les huit exercices de brocarts du Qigong dont l'origine est attribuée à l'immortel Han zhongli.

Bao jing : conserver l'essence vitale.

Benxing : nature fondamentale.

Bu zheng : l'esprit non concentré.

Chanding : méditation.

Chang San Feng : ermite taoïste (XIIe siècle ?) qui révéla la forme originelle du Taiji quan.

Cuancu : concentration.

Daioshu : la maîtrise des techniques internes.

Dantian : les taoïstes situent ce centre de concentration et de réserve du Qi au milieu de l'abdomen, ils le nomment xia Dantian. La tradition connaît aussi le Dantian du milieu de la poitrine : zhong Dantian ainsi que celui du centre de la tête : shang Dantian.

Daojia : la philosophie spirituelle taoïste.

Daojiao : la religion populaire taoïste.

Daoxin : le cœur du Tao.

Dao ren : le taoïste.

De : vertu efficiente.

Ding : concentration.

Fan : le retour à l'origine.

Feng shui : la géobiologie énergétique taoïste.

Foxing : nature de Bouddha.

Fuming : retourner au Ming.

Gong'an : énigme du bouddhisme chan, koan.

Han Zhongli : immortel développant le cœur de la méditation taoïste.

Houtian : le Ciel postérieur, la potentialité développée par le travail.

Huashan : les monts Hua.

Jing : le jing, substance fondamentale du corps, est considéré par les taoïstes comme la fondation matérielle, expression du travail de shen, la conscience.

Jing luo : il s'agit du réseau de canaux (maladroitement nommés méridiens) de l'énergie dans le corps.

Jingqishan : les trésors Jing-Qi-Shen.

Kong : vacuité.

Kongguan : contemplation de la vacuité.

Liao : spirituel.

Liu ru : les six perceptions qui, selon les taoïstes, peuvent nous abuser par leur apparente réalité : les couleurs, les sons, les odeurs, les saveurs, le toucher et l'affect.

Long shi xian : force énergétique du Dragon.

Lu Don Bin : l'un des huit immortels, figure réalisée du taoïsme spirituel.

Mai : ce terme, plus précis que jing luo, pour désigner les canaux de transport du sang et de l'énergie.

Miao : sublime

Ming : la vie et la destinée. Dans le corps humain, la vie est due à la présence du jing ou essence vitale héréditaire.

Ming men : le point dorsal de la « porte du destin ».

Nanjing : classique de l'acupuncture taoïste.

Nao : le cerveau, siège de l'esprit primordial (yuan shen zhi fu), motivation de la vie physique et spirituelle qui nourrit l'essence de la vie : le jing.

Neijing : classique médical chinois.

Pu : la simplicité.

Qi : le Qi est le souffle vital qui selon les taoïstes revêt des formes grossières et subtiles. Dans le corps humain, ce souffle est mis en réserve dans le Dantian, au milieu de l'abdomen. De nombreuses maladies sont attribuées au blocage du qi dans telle ou telle partie du corps.

Qigong : entraînement des souffles.

Qing : la pureté taoïste. Au niveau de l'esprit, représente l'absence de pensées analytiques et conceptuelles ; au niveau du corps, l'absence de toxémie.

Qinjing : clarté et calme de l'esprit.

Qi qing : les sept émotions conflictuelles : l'excitation, la colère, les soucis, la mélancolie, le chagrin, l'anxiété, la peur.

San bao : les trois précieuses substances ou trois trésors essentiels à la marche sur le chemin du Tao : Qi, jing et shen.

San dantian : développer les trois centres.

Shen : pour les sages du Tao, le shen est l'action spirituelle essentielle de l'être humain. Pour la médecine chinoise, il s'agit simplement de l'agent conscient capable de gérer les perceptions et actions volontaires.

Shen ming : la clarté de l'esprit, l'état d'éveil potentiel.

Shifu : le maître taoïste.

Tao : la bonté suprême, au-delà des émotions humaines.

Tindan : alchimie.

Wangwo : oublier le soi (terme taoïste).

Wudangshan : les monts Wudang.

Wu hsing : les cinq étapes ou les cinq éléments primordiaux, qui reposent l'action cyclique de l'énergie dans la nature et la physiologie selon des règles de complémentarité, de compatibilité et d'antagonisme.

Wuji : la porte sans nom, l'origine lumineuse de toutes choses, la vacuité originelle.

Wuji : le sans limites.

Wuwei : la quiétude créatrice.

Wuxin : vide de soi réel (terme bouddhiste).

Wu zang : les cinq organes internes essentiels : le cœur, la rate, les poumons, les reins et le foie. Leur cycle énergétique est lié aux cinq étapes.

Xian : immortel taoïste.

Xiantian : le Ciel antérieur, la potentialité de la vacuité lumineuse.

Xin : c'est un terme employé pour nommer le cœur. Plus exactement, le terme de xin se réfère à la fonction du cœur de régulation de l'esprit et aux facultés de pensée, mémoire, conscience, intellect et émotions.

Xiudao : la pratique de la voie du Tao.

Xiuming : cultiver les énergies vitales.

Xu : la vacuité.

Xuan : le mystère.

Yijing : le livre classique des mutations.

Yin Yang : la polarité opposée et complémentaire.

Yuanshen : la conscience originelle.

Yu wen wei shan : pratique de la vertu « être bon pour les autres ».

Zuowang : s'asseoir et oublier (méditer au sens taoïste).

TABLE

Achevé d'imprimer par l'imprimerie Sagim (Courtry), en novembre 1999.
Dépôt légal : novembre 1997. Numéro d'édition : 3182.
Imprimé en France.
R2

025